U0038641

4

慈悲清淨

佛教與中古社會生活

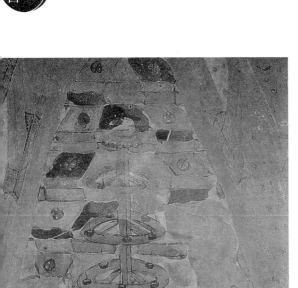

劉淑芬
——
著

三民書局

國家圖書館出版品預行編目資料

慈悲清淨：佛教與中古社會生活／劉淑芬著．－－修訂二版
一刷．－－臺北市：三民，2019
面；　公分．－－(文明叢書:4)
參考書目：面
ISBN 978-957-14-6579-1　(平裝)
1.佛教史 2.社會生活 3.中國

228.2　　　　　　　　　　　　　　　　　　　108000674

© 　慈　悲　清　淨
　　　　——佛教與中古社會生活

著 作 人	劉淑芬
總 策 劃	杜正勝
執行編委	林富士
編輯委員	王汎森　李建民　康　樂
發 行 人	劉振強
著作財產權人	三民書局股份有限公司
發 行 所	三民書局股份有限公司
	地址　臺北市復興北路386號
	電話　(02)25006600
	郵撥帳號　0009998-5
門 市 部	(復北店)臺北市復興北路386號
	(重南店)臺北市重慶南路一段61號
出版日期	初版一刷　2001年11月
	修訂二版一刷　2019年3月
編 　 號	S 220630

行政院新聞局登記證局版臺業字第○二○○號

有著作權・不准侵害

ISBN　978-957-14-6579-1　(平裝)

http://www.sanmin.com.tw　三民網路書店
※本書如有缺頁、破損或裝訂錯誤，請寄回本公司更換。

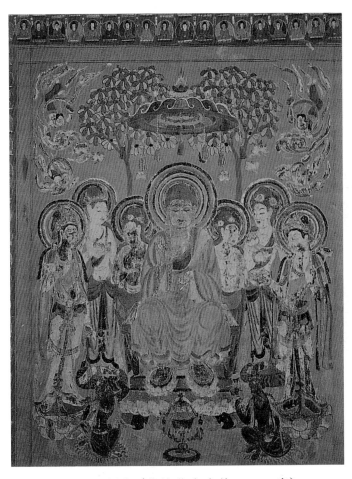

初唐・說法圖（敦煌莫高窟第三二二窟）

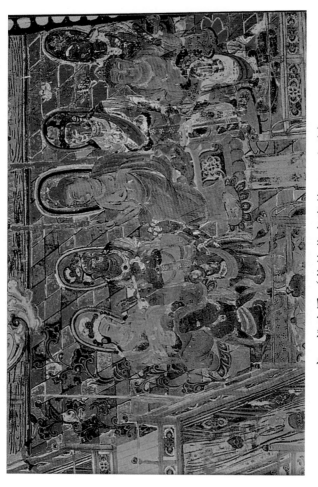

唐‧說法圖（敦煌莫高窟第二三九窟）

北涼・伎樂供養（敦煌莫高窟第二七五窟）

五代・樂舞圖（安西榆林窟第一六窟）

晚唐・伎樂供養（敦煌莫高窟第一二窟）

盛唐・女供養人像（敦煌莫高窟第二二五窟）

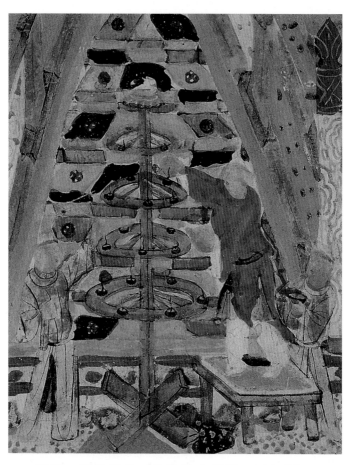

五代・燃燈供養（敦煌莫高窟第一四六窟）

北周・福田經變（敦煌莫高窟第二九六窟）

中唐・男子剃度圖（敦煌莫高窟第一五九窟）

晚唐・女子剃度圖（敦煌莫高窟第一二窟）

文明叢書序

　　起意編纂這套「文明叢書」，主要目的是想呈現我們對人類文明的看法，多少也帶有對未來文明走向的一個期待。

　　「文明叢書」當然要基於踏實的學術研究，但我們不希望它蹲踞在學院內，而要走入社會。說改造社會也許太沉重，至少能給社會上各色人等一點知識的累積以及智慧的啟發。

　　由於我們成長過程的局限，致使這套叢書自然而然以華人的經驗為主，然而人類文明是多樣的，華人的經驗只是其中的一部分而已，我們要努力突破既有的局限，開發更寬廣的天地，從不同的角度和層次建構世界文明。

　　「文明叢書」雖由我這輩人發軔倡導，我們並不想一開始就建構一個完整的體系，毋寧採取開放的系統，讓不同世代的人相繼參與，撰寫和

編纂。長久以後我們相信這套叢書不但可以呈現不同世代的觀點，甚至可以作為我國學術思想史的縮影或標竿。

2001 年 4 月 16 日

自 序
——搭起一座心靈的橋樑

從事學術研究工作,是一件自得其樂的工作,不過,這條路走來也相當寂寞。這種心境有點像多年前在紐約觀賞胡桃鉗芭蕾劇的演出,節目單上有一則很動人的敘述:「芭蕾是美麗的,然而它也是感傷的。」所有境界的追尋可能都是這樣的,在提昇的過程中,有著難以言喻的苦澀和清寂。

舉個例子來說,我的家人大都不懂我研究的東西,更不能理解我在想些什麼。不僅是家人,即使是我一些不在學術界工作的朋友,也不了解我們這些躲在研究室象牙塔裡的人,都在做些什麼;甚至,有些在大學教書的朋友,也常半開玩笑地說:「你們研究院的人真好,不用上課,也不

必打卡。」可惜絕大多數的人都不知道，雖然不
要求朝九晚五，但是我們幾乎可以說是全年日夜
無休的。週休二日，外子和我是「半日輪休」，每
人半天到研究室工作，半天陪伴小孩。我六歲的
幼子畫的「全家福」，總是少畫一個人，因為不是
「媽咪在研究室」，就是「爹地在研究室」。

　　其實，學術研究是很專門的，即使是我的研
究所同學，各自有他們鑽研的範圍，多年來大家
也都漸行漸遠。三年前，我在一個學術會議上發
表論文，好友許雪姬特地來捧場，她說：「這些年
來，我都不知道妳在做些什麼研究，特別來了解
一下。」她的這番心意，讓我非常感動，也使我
聯想到另一件事。十年前，我在加州柏克萊大學
做研究時，中國研究中心辦了一個小型的研討會，
一位美籍的學者發表論文時，他那從事會計工作
的漂亮妻子也出席了，她說：「我都不曉得彼得的
研究，想來聽聽看。」一雙明亮清澈的眼睛裡，
透露出她想進入摯愛先生心靈世界的渴望。相對

於做研究的人，我們的親人和朋友們想必也有著對等的寂寞。

　　當本叢書的召集人之一林富士先生，找我寫一本通俗的書時，閃過心裡一個很強烈的意念，是「為親人和朋友寫一本書」，在自己近年來的研究中，選出他們可能感興趣的題材，以容易理解的言辭，搭起一座心靈的橋樑，這也許是我回報他們的長久以來關愛與疼惜的最好方式。當然，如果能夠讓更多的社會人士知道我們的工作，那又是一種意外的收獲吧！

慈悲清淨

——佛教與中古社會生活

楔 子

——從九二一大地震說起

今天如果提起臺灣民間興辦的社會福利事業，首屈一指的就是證嚴法師所發起、領導的「慈濟功德會」。1999 年 9 月 21 日臺灣發生規模高達七・三級的大地震，慈濟功德會在救濟災民上發揮的效率和功能，最為各界肯定和稱揚。根據一項民意調查，在這次的救災的工作中，「慈濟」名列第一，領先各級政府機構和其他民間團體。不過，卻很少人知道：像慈濟功德會這種由佛教徒興辦的社會救濟事業，並不是現代佛教徒的新創。我們如果回顧中國歷史，便可發現最晚從西元六世紀開始，就有很多佛教徒在做著和今日「慈濟人」相同的社會福利事業，他們同樣地救濟貧民、

施給醫藥等。除此之外，他們還從事鑿井、種樹、搭建橋樑等公共工程建設，當然，這是和中古時佛教的昌盛流行有很大的關連。

佛教在漢代傳入中國以後，隨著天竺、西域僧人的來華和佛教經典的翻譯，佛教傳播迅速，信徒人數增加得很快；到魏晉南北朝隋唐時期（三至十世紀，也就是中國中古時期），佛教已經是社會上信徒人數最多的宗教，上自皇帝，下至平民百姓，絕大多數信奉佛教。在中古時期，佛教興盛到什麼地步呢？六世紀時楊衒之在《洛陽伽藍記》這本書中，有很生動的描述，他記載北魏的都城洛陽東面，有一個城坊叫作建陽里，坊內的居民大約有一萬人，他們的身分不等，有平民、也有官員，但他們同樣地都信崇三寶。因此，在這個里坊內就建有十所佛寺，它們是：瓔珞寺、慈善寺、暉和寺、通覺寺、暉玄寺、宗聖寺、魏昌寺、熙平寺、崇真寺、因果寺，這十所寺院僧人和寺院所需的物質，都是來自建陽里內這些虔

誠居民的供養。另外，在洛陽城郭之內，總共有一千三百六十七所佛寺，在每年四月八日佛誕節前後，洛陽都有盛大的行像活動，各個寺院把它們最精緻的佛像放在裝飾得金碧輝煌的車輦上，巡遊街道。在佛像的車隊前，還有各種雜技表演作為前導，伴隨著梵音法樂，僧人和信徒們手持美麗的鮮花，跟隨著車隊遊行，場面非常盛大莊嚴。當時，有一位從西域來到洛陽的外國僧人，看到了這種壯麗盛大的景觀，不覺從內心裡發出讚嘆說：「這真是佛的國度啊！」

由於佛教的興盛流行，佛教的經典、教義對人們的思想、行為，乃至於政治和社會方面，都有廣泛而深遠的影響。因此，在人民的日常生活中，處處有佛教的影子，本書主要描繪中古社會生活中的佛教圖像。中古時期是佛教全盛的時代，很多制度、行事是超乎現代人的想像之外的，如唐朝皇帝下令在一年之中，有三分之一的日子裡禁斷屠宰，市場裡買不到魚肉，這對人民日常生

活的影響不可謂不大。同時，國家也委託寺院和
僧人來辦理救濟窮人、殘障者的慈善事業。另外，
在那個沒有電視、廣播等娛樂的時代，寺院成為提
供人們日常生活中最重要娛樂歡慶的來源，寺院的
花園是人們遊賞的景點，寺院裡供養諸佛菩薩的伎
樂，也成為音樂和舞蹈的欣賞會；佛教的節日和儀
式如正月的燃燈供養、四月的行像活動、七月的
盂蘭盆會等，也都成為人們遊觀的華美景觀。

在那一個時代，佛教對於人們的生活、行為，
乃至於人生觀，也都有很大的影響。佛教是一種
禁慾的宗教，強調僧眾信徒要注意保持身、語、
意方面的清淨，而諸佛所居住的地方是清淨國土，
唐朝的人常用「清淨」來形容佛教，將它稱為「西
方清淨之教」，唐中宗時左拾遺辛替否在給皇帝的
奏疏中說：「夫釋教者，以清淨為基，慈悲為主。」
唐德宗時尚書省一名官員彭偃也說：「佛之立教，
清淨無為。」又，李紳、白居易的文章裡，都曾
經用「清淨之教」來形容佛教。對於一般身體力

行佛教教義的信徒來說，他們更是宗奉清淨的行事，如唐高宗顯慶六年 (661) 在長安去世的一位董夫人，她在晚年成為一個極為虔誠的佛教徒，她的墓誌銘上形容她「栖心淨境，凝神釋教」。在唐武宗會昌四年 (844) 去世的常州武進縣尉王府君夫人蘇氏的墓誌銘裡，記述了她的遺囑說「吾奉清淨教，欲斷諸業障」，並且吩咐甥兒將她火葬。對於這些篤行清淨之教信徒的心靈世界，最貼切的形容是唐高宗時葬在龍門的一位河東王夫人墓誌銘的頌詞：「松心風月，託志煙霞。」以下所要述說的，就是在西方清淨之教影響下中古社會的林林總總。

中古時期的「慈濟人」

　　今日的慈濟功德會的成員絕大多數都是在家的佛教徒，分為「委員」和「會員」，委員負責募款，以募捐得來的財物施濟貧民、拯救急難；捐款給慈濟功德會的人分為定期和不定期的捐款人，允諾定期捐款的人就稱為「會員」，委員的工作就是定期去收集會員的捐款。另外，也有一種慈濟的會員是實際上參與濟貧、恤老等救濟工作者。慈濟功德會的會員自稱為「慈濟人」，他們有很好的組織和動員能力。

　　西元六世紀時，在今日河北省也有一個和慈濟功德會幾乎雷同的佛教徒的組織，單名叫作「義」。「義」的成員從事救濟饑民、施給醫藥，並且埋葬無人掩埋的屍骨。北齊後主武平元年

左圖：北齊標異鄉義慈惠石柱；右圖：標異鄉義慈惠石柱頌拓本。

(570)，他們的義行美風被刊刻在一座石柱上，這個石柱高約七公尺，上面題有「標異鄉義慈惠石柱頌」九個大字，並且有長達三千餘言的頌文，以表彰這一群佛教徒的義行美風。因為有這一篇長的頌文，我們才得以知道這個佛教社會救濟組織的來龍去脈，以及他們的行善事蹟。

東魏初年，今日的河北定興縣（當時屬於范

陽郡范陽縣）一帶，因為經歷北魏末年葛榮餘黨
韓樓之亂，沿著涿水兩岸散落著許多無人收埋的
枯骨，有一位名叫王興國的人，出自宗教悲憫的
情懷，首先倡議收埋這些屍骨，得到十位鄉人的
響應，這十一人就共同展開掩埋枯骨的工作，駕
著車沿著涿水兩岸，逐一撿拾無主的屍骨，集在
一處，做成一個大墳，稱為「鄉葬」。這是他們最
先做的救濟工作，後來由於政局上的變化，王興
國等人隨即又在鄉葬墓所，提供食物給饑民，稱
為「義食」。北魏末年以來，有許多瀛、冀、幽（以
上三州相當於今日河北省的轄域）等州人民為了
逃避戰亂，而離開家鄉向南走；戰亂結束以後，
這些流民又陸續北還，迤邐於漫長的返鄉路途。
「義」的所在地恰好在官道之旁，正是流民必經
之地，眼見這些逃避戰亂難民的流離困頓，王興
國等「義」的成員又興起了悲憫之心，開始供應
飲食給這些飢渴疲乏的難民，稱為「義食」。他們
剛開始供應義食的時候，一切都很簡陋，只是在

鄉葬墓所旁邊，由「義」的成員帶著炊具，埋灶煮食，做臨時性的餐飲供應。後來，才逐漸發展成一個長期供應義食的場所，並且建造了叫作「義堂」的建築物，做經常性、定點的義食供應。有了「義堂」作為基地之後，「義」這個組織也從一個救助戰爭災民暫時性的救濟工作，而演變成一個長期性的社會救濟組織，並且逐漸擴大了它的服務項目。

慈濟功德會是因為有證嚴法師作為精神感召和象徵，而茁然壯大的；「義」的擴展也有相同的因素。當地的信徒特別請來著名僧人曇遵來弘法，不但吸引了上層階級信徒加入這個組織，曇遵的弟子更是對「義」做出了畢生的奉獻，使得這個組織蓬勃開展。東魏孝靜帝武定二年 (544)，范陽郡 (治所在今河北涿縣) 的大族盧文翼費盡心思，請名僧曇遵到此地弘揚佛法，曇遵是北朝末年名僧慧光 (487–536) 的弟子，他的長處在於講析義理，加上風格清高，更因為他行腳遍及華北各地

傳教，而享有很高的聲望。由於曇遵的道行品德高尚，平時就有一批弟子追隨著他到處傳法，當曇遵到范陽的時候，也有五十餘名道俗弟子和他一起來。從此之後，曇遵和他的弟子便成為「義」這個組織在經濟上、和實務運作上重要的支柱。

「義」一方面在經濟來源上得到曇遵信徒的贊助；另一方面，追隨曇遵至此的俗家弟子居士馮昆（字叔平）、路和仁（字思穆）兩人，全力投入此一社會救濟組織。事實上，從曇遵到了范陽之後，義坊就是先後由曇遵這兩個俗家弟子主持，在他們的規劃下，義坊更進一步地提供醫療服務。曇遵在范陽停留了五年多，約在天保元年 (550) 為北齊皇帝徵召，離開范陽，長期住在北齊的首都鄴城（今河北省臨漳縣鄴城鎮東）。不過，馮昆卻繼續留在范陽，一直到北齊天保八年 (557) 病故為止，總計他在范陽十三年，對於此「義」的奉獻，真是可以說是「鞠躬盡瘁，死而後已」。至於路和仁，雖然在天保元年隨同曇遵到了鄴都，

但在那裡只停留了一年，就懇請皇帝允許他回到
范陽，主持「義」的社會工作。他們二人捨己捨
家、盡心盡力奉獻的情操，換來的是「義」社會
事業的壯大。

　　曇遵這位高僧的來到，和參與「義」這個組
織的工作，吸引了一些上層階級信徒的加入，使
得這個原來只是少數平民佛教徒發起的社會救濟
組織，加入了不少地方大族、朝廷和地方的官員
的成員。首先，把曇遵請到范陽來的盧文翼，就
是以其家族聲望與財力，成為「義」重要的贊助
人。自北魏以來，范陽盧氏就是山東巨族，一直
到唐朝末年，這個家族世代都有人做官。盧文翼
的第三個兒子盧士朗，曾經做過殿中郎；士朗的
長子盧釋壽做過郡功曹，他們也都是這個義坊重
要的「檀越」（施主）。其次，北齊的名將斛律光
(515–572) 的家族中，也有人贊助這個組織。從北
齊建國，到後主武平三年 (572) 斛律光因讒被誅、
盡滅其族之前，斛律氏一門出了好些位名將，更

因此貴顯和皇室聯婚，家世顯赫。斛律家族總共出了一位皇后、二位太子妃、三位公主，備受皇帝尊寵，當時無人可以比擬。斛律光的弟弟——斛律羨和他兩個兒子斛律世達、斛律世遷，都曾捐款用以「營構義福」。

斛律家族和河北范陽「義」這個組織的因緣，是從北齊武成帝河清三年 (564) 迄後主武平二年 (571) 之間，斛律羨長期擔任都督幽、安、平、南、北營、東燕六州諸軍事，幽州刺史，當時幽州刺史的治所在薊城 (今北京市西南)，而范陽恰在薊城和都城鄴城的交通線上，因此，斛律羨及其家人長期往來治所和都城之間，有很多機會經過在官道之旁的「義」所。斛律氏一族原來可能就是佛教信徒，斛律羨每次往還治所和都城之時，必定在義坊小做停留；不僅建造佛像，置於此「義」供養，也捐獻資財，贊助「義食」的供應。後來更指示建立「標異鄉義慈惠石柱」，表揚「義」這個組織的善行美風。另外，范陽郡的父母官范陽

太守劉仙，也是「義」的成員。他剛擔任太守時，路過此「義」，就對這個地方的社會救濟事業非常讚賞，從此就以私人財力，加入此一社會救濟組織的行列。

不過，值得注意的是，雖然「義」有貴及王侯的荊山王斛律羨和他的家人，以及范陽郡的各級官員的參與，但對「義」貢獻最大的、參與最多的，還是一群名不見經傳的平民百姓。從「標異鄉義慈惠石柱」上的題名，可知參與「義」這個組織者，除了前面所提到的那些達官貴人之外，絕大多數都是當地的平民百姓，共有二百多人。

「義」的主要經濟來源，是許多佛教徒所捐贈的土地田園，如當地以嚴僧安為首的一個嚴氏宗族，就先後捐出了不少土地田園。當然，也有其他信徒零星的捐款或捐贈的物品。除了平日的義食供應、義塚和醫療救助之外，特別值得一提的是「義」曾經做過的兩次大規模賑濟活動，它們分別是：北齊文宣帝天保八年 (557) 救濟築長

城之役的民夫，和北齊武成帝河清三年救助水災
的饑民。天保六年 (555)，文宣帝下令徵調民夫，
在北方的邊境修築長城，這項工役一直延續到天
保八年以後；被徵召前往北境築長城的民夫，在
築城工役期滿之後，都必須自行返鄉，政府沒有
給予任何照顧，甚至也不供應路途上的糧食。因
此，許多老弱民夫不耐飢餓和路上風霜疾病的侵
襲，僵仆餓死或病死在返鄉的途中。從天保六年
到八年期間，奉詔領山東兵監築長城的定州刺史
(治所在今河北省定州市)趙郡王高叡 (534–569)，
目睹這種悽慘的情況，便率領他的軍隊，將返鄉
的民夫編隊，並且護送他們回家。根據《北齊書·
趙郡王琛附子叡傳》記載，即使有位高權重的高
叡這樣精心的安排，也只有十分之三、四的人可
以平安地回到家鄉。由此可以推想，如果讓民夫
自行返鄉，沒有任何的協助或救濟的話，那麼絕
大多數的人是會抱恨死在歸鄉的途中的。

在這裡要對這位體恤民夫行役之苦的高叡做

一個背景介紹，高叡是北齊神武帝高歡的弟弟趙郡王高琛的兒子。北齊皇室都篤信佛教，高叡也不例外，而從存留至今有關佛教的碑刻資料看來，高叡可以說是其中最篤敬虔誠的。從天保二年他被任命為定州刺史開始，他便將僧人僧標原先建造的禪室，擴建為「定國寺」，規模很大，有僧房二百餘間，延請了二千名僧人住在這裡。另外，他也在定國寺裡建立一所佛塔，並且建造白石釋迦像、阿閦佛像、無量壽佛像，放在寺院中供養。由此推想，高叡在任定州刺史時被稱為「良牧」，他恤憐民夫的善政，或許和他是一位虔誠的佛教徒有相當的關連。

　　天保八年，對民夫心懷悲憫存恤的高叡被召回鄴都，到北境築長城的民夫再度面臨困危重重的歸鄉路途。就在這個時候，位於范陽的義坊便對於路經此地的民夫伸出援手，供給他們糧食和醫藥；另外，也埋葬那些病死於此地的民夫。從石柱上題刻的頌文，可知他們不僅掩埋病故的民

夫，還給他們做佛教的追薦儀式。

　　武成帝河清三年，山東發生大規模的水災，隨之而來的是災後的饑荒，而政府並沒有給予饑民任何的救助。當時，范陽也是災區之一，由於義坊有一大片田園作為其經濟基礎，平時糧作收穫在扣除開支之外，可能還有盈餘，所以在這個時候仍然可以維持它一貫的義食供應。在此期間接受義食濟助的人，有很大一部分是水災的災民。

　　「義」的社會救濟工作，從最初的鄉葬，到表彰他們的義行善舉的「義慈惠石柱」建立時，前後已經綿延了四十年之久；在此之後，它可能還持續存在。「義」的成員在濟助有困難的陌生人時，都把他們當作自己的親人眷屬一般，加以關懷和幫助；另外，「義」的成員涵括了上、下階層，打破富貴貧賤的組合，這些都是佛教經典的實踐。

佛教與中古的社會事業
——從敦煌的兩幅「福田經變」說起

　　河北定興一帶佛教徒的組織——「義」所做的社會救濟事業，就是佛教所說的「福田」事業。佛經上說：人們為將來的福報所做的事，就好像播田撒種可致收穫一般，所以稱為「福田」。在甘肅敦煌莫高窟有兩幅「福田經變」（根據《佛說諸德福田經》的內容繪製的圖畫），據學者考訂它們都是在六世紀下半葉繪成的，「義」的成員做社會救濟事業的時間也約略是同一個時期。

《佛說諸德福田經》

　　敦煌莫高窟第二六九窟內，有一幅北周時期所繪製的壁畫，從窟的北頂東段開始，由西到東，共描繪了六個場景：一、人們建造佛寺，彩繪僧堂佛閣。二、善心人士在種植果樹，經營園林，提供路人庇蔭乘涼。三、信眾施濟醫藥給病人。四、體恤行路之苦的人們在荒僻的道路旁，鑿井供給行人飲用止渴。五、佛教徒在河川上架設橋樑，方便行人。六、在道路旁建立小精舍，提供行旅的人一個方便的住所。從這幅壁畫的內容看來，它是很具體地描繪《佛說諸德福田經》的內容。這部經典是西晉時僧人法立和法炬共同譯成漢文的，主要敘述人們如果能夠身體力行七種福田，便可得到福報，將來更得以上生梵天。這七種福田是：

　　一、興立佛圖，僧房堂閣。

　　二、園果浴池，樹木清涼。

　　三、常施醫藥，療救眾病。

　　四、作牢堅船，濟渡人民。

　　五、安設橋梁，過渡羸弱。

　　六、近道作井，渴乏得飲。

　　七、造作圊廁，施便利處。

第二六九窟的福田經變的內容，就包括了上述七項福田中的五項。

　　在莫高窟第三〇二窟內，也有一幅福田經變。在這個石窟人字西披下端，從北到南，分別畫有：人們在砍伐樹木、造佛塔堂閣的情景，以及種樹鑿池、開闢園林、給施醫藥、搭建橋樑、提供船筏、鑿井供水、建造小精舍等場景。這個石窟建造的年代是在隋文帝開皇四年 (584)，它和第二六九窟幾乎是前後完成的作品。從這一段時間裡，在敦煌就有兩幅福田經變圖，可知當時《佛說諸

福田經變，上、中圖：敦煌莫高窟第三〇二窟，隋代；
下圖：敦煌莫高窟第二九六窟，北周。

德福田經》是非常流行的經典。

　　其實，在西元六世紀以前，佛教徒就已經受
到福田思想的影響。除了四世紀時譯出的《佛說
諸德福田經》之外，其他的經典如《摩訶僧祇律》、
《四分律》、《雜阿含經》、《長阿含經》、《增一阿
含經》等，也都提到施捨救助他人，可以增進功
德的各種方法。因此，佛教徒從四世紀或五世紀

時，就陸續受福田思想的影響。北魏洛陽城內御道東邊，有個城坊就叫作「義井里」，這是由於這個城坊外面有個「義井」，在它的周圍還種了幾株枝葉繁茂的桑樹；井邊有個石槽，上面備有鐵罐，路過此地的行人可以在樹蔭下歇歇腳，喝幾口甘美清冽的井水止渴。這就是經典上所說鑿井、種樹這兩項福田的具體實現，為什麼可以知道這是佛教徒所做的福田事業？這是因為受到佛教經典的影響，中古時期凡是和佛教有關的組織或事業都冠有「義」這個字，如井叫「義井」、橋稱「義橋」、墳塚為「義塚」、供給餐食稱「義食」。上一章所提到河北范陽郡那個佛教徒的社會救濟組織，根本就單用「義」一個字作為它的名稱，成員稱為「義夫」、或「義士」、或「義徒」，創首的人稱作「義首」，主其事者稱為「義主」。他們所做的各種社會救濟事業，也都有一個「義」字，救濟饑民的食物叫「義食」，提供義食的場所叫「義堂」，這個組織的建築物稱作「義坊」。

《像法決疑經》

這個「義」字是怎麼來的？在六世紀時所撰寫的一部經典《像法決疑經》中，勸人們要將一切眾生，視同自己的眷屬——父母、妻子、兄弟、姐妹一般，因為親人之間有相互照應的道義，「以是義故」，所以應該加以濟助。五、六世紀的華北地區，流行著一種以佛教俗家信徒為主要成員的信仰團體，就稱為「義邑」或「法義」，他們共同進行營建佛像、窟院，或舉行齋會、寫經、誦經等宗教活動。日本學者山崎宏認為：所謂的「法義」，是以同樣信仰佛法的道義而組合的意思，就像義兄、義弟是指血緣以外結合而成的兄弟；至於「義邑」，指的是邑的法義。從那個時期很多的造像記中，可知這些「法義」的成員，彼此之間是以兄弟姐妹互相稱呼，如北魏孝明帝正光五年(524)，山東地區的僧人道充領導僧、俗信徒共一

百人建造一個造像碑，就自稱「道俗法義兄弟姐妹一百人」共造此像。又，孝莊帝永安三年 (530)，今山東淄博市臨淄境內的高柳村，以僧人惠輔為首的一個法義，在其造像銘記中稱「法義兄弟姐妹一百五十人等敬造彌勒尊像二軀」。又，北齊天保八年，在今日山東省境內有一個法義造塔記中也稱「法義兄弟八十人等」。在今日黎成縣寶泰寺有一個隋文帝開皇五年 (585) 所建立的石碑，碑額題「使儀同三司潞州司馬東原郡開國公薛邈、因檢郭建欽、王神通等人立義門，恭敬事佛」。也就是說，這些人由於恭敬事佛的緣故，而結成有如一門親人的團體，故稱「立義門」。現代臺灣慈濟功德會的成員，也是以「師兄」、「師姐」相稱。

北朝末年，河北范陽地區的佛教徒組織「義」，也是以佛法結合成員，更將佛經上「視眾生如眷屬」濟助危難的觀念，付諸實現。〈標義鄉慈惠石柱頌〉中，提到義徒濟助他人時，都將被救濟的對象視同自己的親人，從其最初開始撿拾枯骨的

鄉葬，就為他們做法事：「設供集僧，情同親里，於是乎人倫哀酸，禽鳥悲咽」。這種恩義有如父母妻子：「有茲善信，仁沾枯朽，義等妻孥，恩同父母。」至於他們救助從長城之役返鄉的民夫，也是看待他們有如自家的親人：「兼復病者給藥，死者埋埋，齋送追悼，皆如親戚」。即使平時例行供應的義食，也是以矜憐父母的心情，用招待賓客的態度來炊煮供應：「營造供賓，無避寒暑；慇育路人，如母茲父。」

《像法決疑經》這部經典，對福田思想有更進一步的闡釋。它主要的內容是敘述常施菩薩請教釋迦牟尼佛：在佛涅槃之後的「像法時期」，應該做什麼福德最為殊勝？釋迦牟尼在種種福德中，一再強調布施貧窮孤老的重要性，認為布施貧窮孤老的「悲田」，遠勝於供養佛、法、僧的「敬田」。最後，甚至直接說：「這部經典稱為《像法決疑經》，也叫作《濟孤獨》。」這樣的話語，點出濟助貧窮孤老就是這部經典的中心所在。另外，這部經典也

鼓勵眾人打破貧富貴賤的差異，共同布施，並且說
眾人共同布施的功德，遠勝於個人的獨力布施：

> 善男子，若復有人，多饒財物獨行布施，從
> 生至老；不如復有眾多人眾，不同貧富貴
> 賤，若道若俗，共相勸他，各出少財聚集一
> 處，隨宜布施貧窮孤老、惡疾重病困厄之
> 人，其福甚大。……獨行布施，其福甚少。

這對於佛教社會救濟團體的成立，具有相當的鼓
勵作用。就是受了這些觀念的影響，像河北范陽
「義」這個組織，不同社會階級的人可以匯集在
一處，位居政治高位的北齊名將、幽州刺史，和
地方官的范陽太守、縣令及其屬吏，以及社會上
有力的家族范陽盧氏，也都加入由一群平民佛教
徒所發起的社會救濟工作。當時，社會上不同階
層的人不僅共同布施，也集資以共同造像。

　　一直到現在，這種眾人布施的觀念仍然流行，

臺灣嘉義市就有一個叫作「嘉邑行」的慈善團體，它是以在偏遠的地區建設橋樑為主要的工作，為了讓眾人共修福業，它規定捐獻建橋的功德金，每人對每一座橋的奉獻，僅限於新臺幣一百元。嘉邑行從民國五十七年建造第一座橋，到民國一〇七年十二月底為止，一共興建了五百零八座大、小橋樑。另外，這一個團體也做濟貧、施棺的社會救濟工作。

《像法決疑經》對於福田的內容，也很有彈性，認為：人們在布施時，不應該算計濟助的對象是否為福田的項目；只要看到有需要濟助的人或事項，便應當去做。原來佛典中所敘述的福田項目中，並沒有義塚這一項；不過，因為經典上有這樣的提示，北朝末年的佛教徒面對河北地區由於戰亂所造成枯骨堆積如山、沒有人收埋的慘狀，基於掩埋屍骨的現實需要，當地佛教徒首先從事的社會救濟工作，就是稱為「鄉葬」的義塚福田。

公共建設的福田

佛經上所列福田的項目，和便利行旅有關的有：種樹植林以庇蔭行人，造橋或提供渡船以過渡行人，鑿井以供行人飲用，建造廁所、浴池，這些都是屬於公共建設的範圍。中古時期的佛教徒多致力於公共建設，一方面是經典的鼓勵，另一方面則是因應現實的需求。他們在從事公共建設時，不僅是自身的修習福田，同時也附帶傳播佛教的教義。他們在交通要道造橋、鑿井，竣工之後，常在當地建造石碑，上面刻有佛像，並且鐫刻碑文，交代建造的緣由，刊刻捐錢信徒的姓名，這就是所謂的「造橋碑」，有時候也稱為「佛像碑」、「造像碑」，一方面是記載著人們的功德福田，另一方面，石碑像上的佛像和碑文，也可以感化旅人過客。東魏孝靜帝興和四年 (542)，在今日河南滑縣的一個村落裡，以李次、李顯族為首

的李氏家族一百餘人，在村內建造一所寺院，又在村南二里的河岸種樹、造井，以供行人消暑止渴。同時，他們也在井邊建造天宮浮圖四軀、交龍石碑像一軀，在上面所刻的碑文中，就說明他們的目的是要讓「行路過逢，人瞻歸仰，府設虔恭」。另外，隋文帝開皇五年 (585) 九月十五日，孫伯龍等人在交通要道開鑿一口義井，在它的旁邊種植花木，並且建造一所佛碑像，在造像記中就說「建天宮一所，誘發菩提；義井一軀，以消內渴，雜樹芬華，擬濟行價」。

為什麼中古的佛教徒如此熱心於鑿井、造橋的公共建設呢？這可能是在他們生活中有實際上需求的緣故。從西晉末年永嘉之亂，到隋文帝統一南、北分裂的局面，也就是從西元四世紀到六世紀這段期間，華北有很長的時間是處於戰亂的狀態，各個政權都疲於外爭或內亂，對於地方上的公共建設——如道路的修築、橋樑的搭設、井泉的挖掘等，自然無暇也無心力顧及。特別是在

偏遠的村落郊野，村落居民常須自行解決交通問題。佛教的福田思想鼓勵信徒從事地方公共建設，恰可彌補了這方面的不足；而正是受現實因素的影響，所以在當時人的心目中，和人們日常生活最息息相關的交通建設，如修建橋樑、平治道路等，就成為功德最大的福田。隋代山東地區密洪範等人造橋碑記的頌文中就說：「世間營造，橋功最尊。」我們也看到了鄉村地區的佛教徒致力於地方交通建設，如東魏孝靜帝武定七年 (549)，在肆州定襄縣（今山西省孟城縣）高嶺以東，有幾個村落居民合力修建道路；又如隋開皇九年 (589) 山東兩個村落居民協力造橋、建造佛像碑，在造橋碑上的頌文中便說：「連拔幽滯，率起慈悲，造橋濟溺，豈藉毫釐？」另外，在道旁鑿井以供過路旅人，也是當時人們常做的福田事業。在那一個時代，佛教徒的公共建設事業福田，對於維持道路、橋樑交通的順暢，提供居民和行旅之人有井泉可飲方面，有很大的幫助。

　　佛教徒興造公共建設的實際運作過程如何呢？從造像碑記中可知：有些人出資購買工料，有的人則出力營建，而在其間僧侶常扮演一個重要的角色。這是由於當時佛教徒多組織「義邑」或「法義」的信仰組織，以僧人作為指導者，稱為「邑師」；他們從事公共建設時，就是以一個或一個以上信仰組織的成員為主，鳩工募款，因此，其間便有僧人的參與。隋文帝開皇二十年 (600)〈密長盛等造橋殘碑〉中，留下部分佛教徒造橋過程的記錄，其中首創發起修橋者稱為「橋主」，共有二十四人，他們負責鳩集造橋工料；出力修橋的叫作「營橋人」，計有四十三人，還有三個人是帶有「建義都維那」的頭銜，都維那是「義邑」組織的執事人員，可見參與此一修橋工事的人都屬於「義邑」的成員。上面還有兩位比丘尼的題名，她們應該是參與此一義邑的出家人。

　　有的公共建設甚至是由寺院或僧人發起的，號召信徒捐錢鳩工。如東魏孝靜帝武定七年

(549)，河南沁陽這個地方有七個寺院的僧人，發起改建境內一座舊橋，並建造佛碑像，記錄建橋的原委，碑額上雖然寫著「武德于府君等義橋石像之碑」，表面上看起來似乎是地方官的功績德政，但細讀碑文的內容，就可知這完全是寺院僧人和信徒的功勞。另外，也有一種情況是地方官商請寺院僧人的協助，為的是借助佛教福田思想和僧人在社會上的影響力，以期在官府可不必花費工料、人力的情況下，由地方上百姓自動捐財輸力，完成地方公共的建設。如唐懿宗咸通九年(868) 在高壁鎮所建的通濟橋，就是當鎮兵馬使張諗清商請咸通觀音院住持普安，勸化民眾出錢出力而修成的。

僧人積極主導或協助地方上的公共建設的情況，一直延續到唐、宋之世。宋代僧人常在地方上的公共建設中扮演著重要的角色，如宋理宗寶慶元年 (1225) 撫州（今江西臨川市）一座主要橋樑極需重建，地方官遂請僧人妙嚴負責資金、工

料的鳩集。由此可見，中古時期佛教不僅是一個
強勢的宗教，同時也是一股很大的社會力量。

寺院的急難救助和融資貸款

從南北朝以來，一部分的佛教寺院也以寺院
的財產施濟窮人，並且借貸資金給需要的人。為
什麼寺院會從事這樣「沾有銅臭味」的借貸事業？
這和它清淨的本質似乎不大調和，然而，它最初
的出發點是要濟助人民的窘迫困厄。南齊在江陵
（今湖北江陵縣）的長沙寺就開放對民眾的借貸，
有一個叫作甄彬的人，曾用一束苧麻作為抵押品，
向寺院借錢。

北魏孝文帝時開始設置由僧人管理的「僧祇
粟」，它一部分的功能也是借錢給窮人，可知寺院
借貸事業是由來已久。在那個時候，農民或窮人
若臨時有急難，常向有錢的富戶借貸，為高利率
貸款所欺壓逼迫，有時候甚至因為自己或子女還

不起高利貸，而被迫淪為奴隸。唐文宗在〈令百姓收贖男女詔〉中，提到蘇州地方遭遇水患饑饉，「編戶男女，多為諸道富家並虛契質錢，父母得錢數百、米數斗而已。」唐代著名文學家柳宗元(773–819)擔任柳州刺史時，發現當地窮人以子女作為抵押品，向富人借貸，到利息達到和本金數目一樣多時，借者若不能償還的，被質押的人就成為富戶的奴婢。柳宗元為他們設法贖還，當時嶺南道觀察使將柳宗元的辦法推行到其他各州，一年之中，被放還的人竟然將近一千人之多。由此可見，高利貸對窮人急難者剝削的可怕。

三階教的「無盡藏」

　　唐朝初年時，長安三階教寺院的貸款事業非常有名。三階教的創始人信行禪師(541–594)受到《像法決疑經》的影響，這部經典中的布施和救濟貧窮孤老的悲田思想，幾乎全部為三階教主

要的經典《瑜珈法鏡經》所吸收，而影響及三階教所展開大規模的社會福利事業。除此之外，三階教理念中的普敬觀，認為所有的人都具有佛性，故要普敬所有的人；貧弱的人或病患也是未來的佛，因此也應該恭敬供養。三階教僧人自律甚嚴，頭陀乞食，因而得到善男信女的尊敬和施捨，他們則將這些財物作為慈善濟助之用，信行禪師本人就是「親執勞役，供諸悲敬」。當時三階教派很興盛，作為一個改革北朝末年以來佛教界弊病的教派，強調施捨的重要性，這個教派得到從長安到安陽一帶很多信徒的信賴和支持，長安的達官貴人信奉的也不少，如隋代的高官高熲，和有名望的河東裴氏家族等。唐太宗貞觀年間以後，隨著三階教的興盛，這些貴人或平民信眾爭相捐錢給長安、洛陽的三階教寺院，甚至有人將滿載錢絹的車子放在寺院門口，可知他們對三階院「無盡藏」慈善事業的信賴，因此，這個寺院無盡藏的錢帛多到難以計算，而他們也沒有讓信徒失望，

聲譽遠揚。在《續高僧傳》一書中，就記載著：
一個在四川的僧人道會說「京師有無盡藏，恆施
為事」。

　　唐高祖武德年間 (618–626) 時，三階教僧人
信義在長安化度寺設置「無盡藏」，他們有一套管
理系統，將所有的錢財分作三份：一份是用來修
繕或增補天下寺院之用，一份是供養無礙，一份
是用來救濟天下饑餒悲田之苦。其中第三份的用
途中，就包括了急難的借貸和救濟饑民。武則天
時代，三階教的「無盡藏」一度移到了洛陽的福
先寺，這是因為武則天將她母親楊氏在洛陽的住
宅改建為「大福先寺」，而將長安化度寺的無盡藏
移到福先寺，在如意元年 (692)，委任她尊崇敬事
的淨域寺法藏禪師 (?–714) 監理掌管。然而，可能
由於長安是三階教發展的大本營之一，在洛陽福
先寺無盡藏的經營成績便不如在化度寺的時期；
因此，武則天又將無盡藏移回長安的化度寺，長
安四年 (704)，仍命法藏掌理。不過，從玄宗〈禁

士女施錢佛寺詔〉稱：「化度寺及福先寺三階僧創
無盡藏，每年正月四日，天下士女施錢，名為護
法，稱濟貧弱，事非真正，即宜禁斷。」可知洛
陽的福先寺也還有無盡藏。

　　三階教寺院「無盡藏」的救濟事業中，最特
出的是它的急難借貸。前面所說寺院的借貸，或
是如江陵長沙寺是要抵押品的，或是如北魏的「僧
祇粟」則是要索取利息的，三階教的急難借貸則
完全是以慈善濟急作為出發點，它最特別的地方
是：不需抵押品，也沒有訂契約，到期償還就好
了，它很可能還是無息的借貸。由於它的貸款是
建立在一種「悲田」濟助的理念上，加上它借貸
方法簡便，因此，還有很多人大老遠地從甘肅、
四川、河北等地，跑到長安三階教寺院來借貸。
三階教的無盡藏對於這個教派的發展也有相當的
幫助，然而，三階教也受到佛教其他宗派的排擠，
繼而是來自政府的打壓，唐玄宗曾經下令將長安
化度寺「無盡藏」的財物，散施京城道觀寺院，

用以修理寺院堂殿和佛像，和修繕橋樑。

　　除了三階教「無盡藏」的施濟之外，其他的寺院也有以寺產用來借貸生息的，南宋陸游在《老學庵筆記》中說：「今僧寺輒作庫，質錢取利，謂之『長生庫』。」這個長生庫和南朝時江陵長沙寺的寺庫性質，應該是相同的。

佛教與國家的社會救濟
——從僧祇粟到悲田養病坊

　　佛教的福田思想不僅影響了佛教徒從事社會福利工作，它同時也影響及國家的社會救濟事業。由於中古時期的皇帝絕大多數信奉佛教，其中還有好幾位是非常虔誠的佛教徒，他們或是自發性的，或是受僧人的影響，而展開社會救濟，其中最著名的是北魏的僧祇粟和唐代的悲田院。

北魏僧祇粟

　　北魏的「僧祇粟」是在國家的支持下，由僧人運用國家的資源所主持的社會救濟工作。

　　魏孝文帝承明元年 (476)，著名的僧人曇曜奏

請將「涼州軍戶」（北魏以征服北涼時所俘虜的人口編入軍籍，世代為兵）和「平齊戶」（北魏在對南朝劉宋戰爭中所俘虜的山東人戶）這兩種人，每年能夠繳交六十斛的穀物給僧曹的人，作為「僧祇戶」；所繳來的穀物，稱為「僧祇粟」。「僧祇粟」的用途有二，一是用在收成不好的年歲、把這些穀物出借給饑民，以應急難；或者作為資金融通，貸予困窘窮愁的人。二是作為維持寺院的資金，如供給北魏各寺僧人在「夏安居」的費用——也就是僧人從四月十五日到七月十五日住在寺院裡修習道業期間的費用，全數由這裡支出。同一年，曇曜也奏請將重罪囚犯和官奴婢，作為寺院的勞動人口，也就是「寺戶」，用來灑掃寺院以及協助耕種寺院的田地，稱為「佛圖戶」。

北魏時期，「僧祇戶」和「僧祇粟」遍於天下州鎮。僧祇粟在理論上是屬於國家的官有物，它設立最主要的目的是用以賑濟饑民；然而，從一開始它就是由僧曹管理和運用，這使得佛教更加

有吸引力。對於那些曾經是重刑囚犯的人來說，成為「佛圖戶」，作為寺院奴婢，使他們藉著侍奉佛陀和僧人，有著來世自由的想望。至於那些在荒年中受到賑濟的百姓，或者向寺院融資借貸的人，對於佛寺僧人，也心存感激。另外，由於寺院擁有一批可觀的資財，可以作為造寺、法事、講經、供養僧人之用，因此，在僧祇戶和佛圖戶設立以後，寺院數目不斷的增加，僧尼人數也日益龐大，佛教更為興盛流行。

不過，值得注意的是：僧祇粟不單純是贈給饑民的，它是要回收的。它規定在饑荒時貸給農民，等到豐收之年再予以回收。至於貸給有急需的人，是要收取利息的。以上兩者在實施上都發生了一些弊病，主其事的部分僧人急於收回借給饑民的糧食，不管歲收的情況如何，只是一味催討；或者所要的利息過高，甚至有「償利過本」的情況出現，也有篡改契約的情事。因此，引起人民的怨嘆，而失去原來慈悲救拯窮乏的本意。

　　僧祇粟可以說是國家委託僧人從事的一種社會救濟事業，也因為如此，在北周武帝毀滅佛教時，就把僧祇粟和佛圖戶這兩種制度一併廢除了。

唐代的悲田養病坊

　　唐代的悲田養病坊是國家委託僧人辦理的貧病的收容所，它也不是新創的，在此之前，篤信佛教的南朝的皇室就設立了和此性質相近的救濟機構。南齊文惠太子蕭長懋 (458–493) 和竟陵王蕭子良 (460–494) 都崇奉佛教，他們曾經設立一所「六疾館」，贍濟窮人。普通三年 (522)，中國歷史上著名的皇帝菩薩梁武帝設立「孤獨園」，收容孤兒和無所依靠的老人，給他們安養送終，並且為他們安葬。不過，上述的這兩個機構只是在南朝都城建康（今南京市）的單一機構，至於唐代的悲田養病坊是遍及全國性的救濟機構。

　　唐武則天長安年間 (701–704)，設置「悲田養

病坊」，主要是矜恤孤老貧窮的病人，派有官員管理。雖然悲田養病坊由國家置使專知，但是它設置的地點是在京城和各州縣的寺院之中，而且實際上主事者是寺院的僧尼。由於這個救濟機構完全是受佛教影響的產物，玄宗開元五年 (717)，宰相宋璟、蘇頲上奏說：「悲田」是佛教的東西，應該是僧尼的職掌，不該由國家設使專知，請京兆尹把悲田坊收容的人遣散回家。不過，玄宗並沒有同意。到開元二十二年 (734) 十月，唐玄宗還進一步下令：京城長安的乞丐全部收歸病坊管理，《資治通鑑》胡三省注「時病坊分置於諸寺，以悲田養病，本於釋教也」。可知當時長安城裡很多寺院都有悲田養病坊，除了京城之外，各州也都設有悲田養病坊，例如陝州（今河南陝縣）有一位洪昉禪師，在縣城裡建了一所「龍光寺」，就設有「病坊」，收容的病人經常有數百人之多，主持病坊事務的就是寺院中的僧尼。唐代段成式撰述《酉陽雜俎》一書中，記載成都有一個名叫嚴七

師的乞兒，就是住在成都西市的悲田坊。悲田養病坊遍布唐帝國各地，是一種由國家認定，但卻是由僧尼主持的社會救濟事業。

五代和宋朝時，悲田養病坊也還存在著，而且不限於京城，各地都有。《宋史‧張永德傳》記載：郭威（後周太祖）的女婿張永德還沒有發跡的時候，帶著母親和妻子到宋州(今河南商丘縣)，當時盜賊充斥，他們就改穿著破舊的衣服，住在小巷裡，盜賊經過時，他們就假意向盜賊乞討，並且騙他們說：「這裡是悲田坊。」盜賊聽了，就放過他們而離去。

悲田養病坊所提供的社會救濟內容是什麼呢?它收容的對象最主要是老病窮愁和殘廢的人，殘廢的人可能佔了其中很大一部分。唐武宗滅佛時沒收寺產，勒令僧尼還俗時，就考慮到悲田養病坊無人主持，恐怕裡面住著的殘廢病人沒有人供給照料。唐玄宗時，長安城裡的乞丐也被收歸在病坊中居住、管理。不過，在各州縣城的悲田

養病坊可能就不包括乞丐,而僅收容殘廢不能生存者、或生病無力就醫的窮人。

對於住在悲田養病坊的窮人、殘廢者和乞丐,可以提供他們的是住處和禦寒的寢具。至於三餐,則可能不是完全供應的。唐武宗會昌五年 (845) 十一月甲辰的詔書中,說廢佛之後,發給寺院定額的寺田「以充粥料」。似乎病坊是提供收容者飲食的,然而,從唐懿宗所下的〈疾愈推恩詔〉中,除了賜給各州縣病坊貧兒米糧之外,並且說「如遇風雪之時,病者不能求丐,即取本坊利錢,市米為粥,均給饑乏」。由此看來,病坊僅是提供一個住處,而未提供三餐飲食;病坊收容的人必須自己求乞謀食,只有在寒冬風雪之日,才提供他們粥食。

至於悲田養病坊的設施和經費的來源,理論上是由國家提供的;不過,寺院也負擔一部分的經費。武宗朝的宰相李德裕〈論兩京及諸道悲田坊狀〉中,就說唐玄宗「(開元)二十二年十月,

斷京城乞兒，悉令病坊收管，官以本錢收利以給之」。由此看來，應是國家給病坊一批資金，讓其滋生利錢，作為安養這些乞兒的費用。這中間可能和寺院以此資金作為放貸有關，由於資料不足，很難再做進一步的推論。在敦煌文書中就有一件〈天寶年代敦煌郡會計牒〉，記載玄宗天寶年間敦煌病坊的基金、利息和物資設備的清單。《新唐書·百官志》中記載，掌管宮城和京城治安和巡防的「左右金吾衛」這個單位中，要將破敗的布幕和舊的毛氈送給病坊使用。悲田養病坊在某些設施得到政府物資上的支援，雖然是破舊的毛氈布幕，仍可提供病坊的乞兒窮人在寒冷的冬日裡，保持起碼的溫暖。

在長安的悲田養病坊可以得到國家一筆經費和若干舊幕破氈等剩餘物資的支援，至於州鎮縣等地方上的病坊的經費，則部分是由寺院提供，部分來自地方官耗羨之餘的資助。病坊有時候也用地方上「羨餘」（盈餘的賦稅）的官錢，以滋息

收利，作為經費。李德裕〈論兩京及諸道悲田坊狀〉中，建議廢佛之後，除了發還給各寺七到十頃不等的寺田之外，「如州鎮有羨餘官錢，量與置本收利，最為穩便。」用地方上羨餘官錢作為悲田養病坊的費用，是唐代以來的傳統，到南宋蘇軾（1037–1101）擔任杭州知事時，當地發生饑饉疾疫，他就是用羨餘二千緡，加上自己私囊五十兩黃金，設立病坊。

唐武宗毀滅佛法時，拆毀天下寺院，勒令二十六萬五千名僧尼還俗，放免依附在寺院的奴婢十五萬人，沒收寺院田產數千萬頃。寺產的收入斷絕了，也沒有僧尼可以主持病坊，《新唐書·食貨志》記廢佛之後，它的補救措施是：長安、洛陽兩地的悲田養病坊，各給寺田十頃；至於諸州的病坊則給七頃，作為維持病坊的經費，並且派遣地方上耆老取代僧尼主持病坊的事務。不過，武宗滅佛時間並不長（842–846），雖然對佛教造成很巨大的傷害，但是，武宗去世之後，宣宗即位，

就立即下令恢復佛教，由佛教寺院和僧尼主持的悲田養病坊也恢復原來的運作方式，此一制度並且延續到宋代。明人于慎行《穀山筆麈》一書中說：「唐、宋以來，皆有悲田之設，第不知有司奉行如何？」

醫療救濟

在中古醫療史上，佛教僧侶曾經扮演過相當重要的角色，五世紀中在陝西活動的僧人道恆，在他所寫的《釋駁論》中，引述當時人對僧人的批評，並予以反駁；其中就提到時人對僧人批評中有一條是：「或矜恃醫道，輕作寒暑。」又，前面提到北朝僧人所撰的《像法決疑經》中也說：「何故未來世中一切俗人輕賤三寶，正以比丘、比丘尼不如法故，……或誦咒術以治他病，……或行針灸種種湯藥以求衣食，……」由此可見，中古時有許多僧人從事醫療行為。

中古僧人的醫療行為，也是他們傳教的方式之一。佛經裡說佛是「大醫王」，指的是佛能治療人們精神上的疾病，因而也連帶治療肉體上的疾患。在佛教的諸佛菩薩中，就有好幾個是以醫藥為名的，如藥師如來、藥王菩薩。在密教部的經典中，也有一些以陀羅尼咒語作為醫治疾病的經典，如《佛說咒齒經》、《佛說咒時氣病經》、《佛說療痔病經》、《佛說咒小兒經》等。另外，在佛教的經典中，如律部的經典《四分律》、《僧祇律》，和《增一阿含經》等經典，也都有敘述各種疾病和治療的方法。早期從印度、西域來華的一些外國僧人，就是以醫術展開他們的傳教工作，最有名的一個例子是佛圖澄 (232–348) 救活了石虎 (295–349) 的兒子石斌，而得到石勒的信賴敬奉。

《高僧傳》上的記載都偏重在僧人使用咒術方法醫病的事蹟，然而，我們確知從印度、西域來華的外國僧人不僅傳來了佛教的經典教義，同時也帶來了印度醫學方面的知識。中古僧人相當

重視研習醫學，認為它不僅可以強健己身，也可以救助他人，是一種自利利人之學。因此，有些僧人擅長於醫學，如西晉武帝太康九年 (288)，洛陽疾疫流行，死了很多人，僧人訶羅竭來到洛陽後，治好了十之八九的病患。東晉僧人單道開能醫眼疾，佛圖澄善於為人治病，甘肅敦煌莫高窟第三二三窟盛唐時代的石窟，它的北壁繪有佛圖澄的事蹟，其中有一幅「整腸圖」，就是描繪佛圖澄治病時，將病人的腸子掏出投入河中涮洗的圖像。這幅圖像或可能有些誇張，但可反映僧人在醫療上的貢獻。東晉僧人于法開擅長於婦科，劉宋僧人杯度會治傷寒。另外，僧人醫術高明，連俗人都向他們求教學習，北魏時僧人僧坦精研各種藥方醫術，並且擅長鍼灸，李脩就曾經從他學習，後來還著藥方百餘卷，流行於世。宋、齊之間，僧深善於醫治腳膹之疾，著有醫方三十卷，都很有功效，當時人稱它作「深公方」。

由於有些僧人長於醫術，僧人住錫的寺院因

此成為病人求醫的場所,有的寺院甚至需要儲存大量的藥物。宋末齊初,住在建康鍾山靈根寺的僧人法穎 (?–482),受到宋孝武帝和齊高帝的尊敬禮遇,賞賜他生活物品和費用;另外,他也得到信徒的施給,他都用來在長干寺建造經像和設置「大藥藏」。陳朝時,疾疫流行,百姓病死的很多,當時天台山僧人慧達 (?–610) 在都城建康 (今南京市) 的「大市」設「大藥藏」,救活了不少人。

醫療不僅是僧人的佈教手段之一,它同時也是修行方法之一。《梵網經》中提到有八種福田,其中以看病是第一福田。不僅僧人從事醫療救濟,佛教的信徒也以這種方式來播種他們的福田,如前面提到河北范陽地區佛教徒組織「義」,他們對於病人也施給醫藥。至於國家受佛教影響,也對疾患者施濟,如北魏宣武帝永平三年 (510),下令太常在空曠閒散的地方建造一座建築物,收容京畿內外的病人,命令醫署分別治療他們的疾患。到了唐代的悲田養病坊,對於住在病坊中的貧病

殘疾者所提供的救濟，也包括了醫藥這個項目。
唐懿宗在〈疾愈推恩詔〉中，就說：病坊中的人
「如疾病可救，即與市藥理療，其所用絹米等，
且以戶部屬省錢物充，速具申奏」。另外，唐肅宗
至德二載 (757)，更在長安、洛陽的兩個市場：東
市、西市，設立「普救病坊」，它濟助的對象當然
不是悲田養病坊的收容者，而是一般需要救助的
市民了。

　　社會救濟工作一方面是佛教福田思想的實
踐，另一方面它也是佛教傳播、發揮其組織能力
的方法之一。

「十月三年」
──中古後期的斷屠日

　　現代人生活豐裕，每天餐桌上少不了有魚有肉，很難想像在唐朝統治的二百九十年裡，由於受到佛教齋月和齋日的影響，除了武宗會昌四年 (844) 二月至會昌六年 (846) 五月之間，因毀廢佛教的緣故，廢去三長齋月的斷屠之外，每年有一百天以上──將近三分之一的日子，是普天之下斷屠，不准屠殺動物，也不許撒網捕魚，在市場是買不到魚肉的。

　　唐高祖武德二年 (619) 正月下令：每年的正、五、九月及每個月的十齋日，天下普斷屠殺。原來正、五、九月三個月是佛教的齋月，信徒要在這三個月的初一到十五日之間食素持戒，稱之為

「三長齋月」。另外，佛教也鼓勵信徒在每個月的初八、十四、十五、二十三、二十九、三十日持齋，稱為「六齋日」。三長齋月和每個月的六齋日，就是佛教所稱修習「年三月六」的齋戒。至於「十齋日」，則是南北朝時期道教借用佛教六齋日擴展而成的，它是在六齋日之外，再加上一、十八、二十四、二十八日四天。因此，唐高祖可以說是兼取了佛教和道教的齋日，這是有原因的。唐高祖的斷屠令是沿襲著南朝和隋朝的崇佛傳統，不過，唐朝皇室姓李，所以尊禮老子，並且崇敬道教。因此在襲用佛教傳統時，就不能完全不顧到道教，這可能是他以道教十齋日取代佛教六齋日的原因。在武德二年的斷屠詔中，就同時提到佛教的慈悲和道教的去殺理念：「釋典微妙，淨業始於慈悲；道教沖虛，至德去其殘殺。」

　其實，在佛教傳來之前，中國也有齋戒，但這種齋戒是為祭祀而潔身之意，主要的目的是「君子齋戒去聲色」，和佛教去殺素食的意思不一樣；

並且依祭祀的對象不同，齋戒日的長短也不一樣，這種為祭祀的齋戒到後來都一直存在著。至於佛教的齋戒，大概從東漢才開始，《後漢書・楚王英傳》記載：漢章帝時楚王英學「浮屠齋戒祀」，《魏書・釋老志》則說他「潔齋三月」，此三月有可能是指正、五、九月的三長齋月。西晉時竺法護(239–316)所譯的《佛說普曜經》，和姚秦時僧人竺佛念所譯的《出曜經》中，都提到俗家信徒的修持「年三月六」。隨著佛教在中國的發展，透過佛典和僧人的宣揚，「年三月六」的蔬食持齋逐漸普及，東晉時一名虔誠的佛教徒郗超 (336–378)在〈奉法要〉一文中，提到修習佛法的步驟是：「已行五戒，便修歲三月六齋」。所謂的五戒是指不殺、不盜、不淫、不妄語、不飲酒。已經受了五戒之後，就要修習「三月六齋」，也就是前面所說「年三月六」的齋戒。另外，持齋不僅是為了自己的修持，也為的是「普為先亡見在知識眷屬，並及一切眾生」，免除罪苦的緣故，所以郗超說：

正是由於持齋兼有拯濟先人親屬免罪的功能，所以凡是忠孝之人，都應該努力持齋。在齋日裡，要禁吃魚肉，過午不食，修心養性，遠離房室，至於女子也不得打扮塗抹脂粉。

佛教徒為什麼這麼重視年三月六的齋日？根據五世紀成書的一部經典《四天王經》的敘述，在每個月的六齋日裡，四天王派遣使者、太子，乃至於自身親自出馬到人間。初八和二十三日，四天王派遣使者偵查人們行為的善惡；在十四日和二十九日，四天王命令太子下界稽查人們行為的好壞；至於十五日和三十日，則是由天王親自下凡，視察人們行為的善惡，包括是否孝順父母、發心布施、秉持齋戒，並且將結果上報帝釋。因此，在六齋日裡，人們必須行為良好，齋戒行善。五世紀下半葉，由中國僧人撰述的一部經典《提謂波利經》，對三長齋月和六齋日有更具體的闡述，認為在這些日子裡透過四天王和使者們的巡查，守戒行善的人可以延年益壽，增加福祿；而素行

不良的人則將致禍獲罪。隨著《提謂波利經》的流行，年三月六的齋戒也廣為人們所熟悉和接受。

由於受到佛教慈悲精神和「年三月六」持齋守戒這種修行方法的影響，在南北朝時代，曾經有幾個皇帝有過程度不等的禁屠令。道宣 (596–667)《釋迦方志・教相篇》記載：北魏孝文帝在位期間 (471–499)，「六宮侍女皆持年三月六齋」。這和北魏的文明太后馮氏的篤信佛教有關，馮太后是文成帝皇后，孝文帝三歲的時候，生母李夫人就去世了，由馮太后親自撫育長大。孝文帝即帝位時，只有五歲，就是由馮太后臨朝聽政的，一直到孝文帝二十四歲時，才還政於他。馮太后的哥哥洛州刺史馮熙 (?–495) 敬信佛法，自己掏腰包在北魏各個州鎮建立了七十二所佛寺，又出錢雇人抄寫佛經。在馮太后的薰陶下，孝文帝也是深通佛理，並且奉行佛教的不殺生戒，〈魏書・孝文帝紀〉記載他博綜各種學問，特別精通佛理，十五歲以後就不再殺生，停止習射打獵。因此，

魏孝文帝在宮城之內，實施年三月六的齋戒，其實是有跡可循的。

　　至於南朝梁武帝時期，則在國內實施六齋日的斷屠禁殺，根據《法苑珠林》的記載，梁武帝時「國內持六齋八戒」。武帝自己就是一個很嚴格的素食者，據史書記載，他就像一個持戒的僧人一樣，一天只吃一餐，過午不食。他不但自己長年持齋，同時他也下令全國的僧尼都要全面吃素。原來在印度僧人托缽乞食的情況下，全面素食是不可能的，佛教傳入中國以後，本地的僧人也不是長期持齋。為什麼梁武帝要僧尼全面蔬食，這可能由於一則從東晉以來一些虔誠的俗家信徒已經持三月六齋。二則梁武帝又普遍在梁朝境內推行六齋日的政策。也就是說，持三月六齋的俗家居士一年之中有一百零八天蔬食，而全國的人在梁武帝推行六齋八戒的政策下，一年之中也有七十二天吃素，僧人在修習佛法上要比俗人精進努力，也只能全面吃素了。只有從四世紀以降，佛

教三月六齋的流行和梁武帝的全面推行六齋日的背景下，才能充分理解梁武帝下令僧人全面斷酒禁肉素食的背景。

關於梁武帝下令僧人全面禁食酒肉的年代，學者認為大致上是在天監十六年 (517) 至普通四年 (523) 之間的某一年。不過，根據《梁書》的記載，天監十六年夏四月甲子，梁武帝下令「去宗廟牲」，進一步請他的祖先也吃素。按理來說，梁武帝應當是自己先蔬食斷肉，才會去掉宗廟薦牲，而《佛祖統紀》上記載：天監十年 (511)，梁武帝下令斷捨自己，以及僧尼的酒肉，天監十六年才下令：「敕太醫不得以生類為藥。郊廟牲牷皆代以麵，宗廟薦羞始用蔬果。」因此，早在天監十年時，梁武帝便已禁斷自己和僧人的酒肉，這應該是比較可信的說法。梁武帝請祖先吃素這個例子，是前無僅有的，自古以來皇帝祭祀宗廟都是用牢牲，史書上通常用「宗廟不血食」形容一個朝代的滅亡，從武帝冒著「不血食」這個忌諱，讓祖

先也吃素，便可知他個人信仰虔誠的程度了。

　　無獨有偶，在梁武帝去世之後，北齊文宣帝在位時 (550–559)，也曾經下令北齊境內施行「年三月六」的齋戒。《法苑珠林》卷一百記載：文宣帝因為受了高僧僧稠禪師 (480–560) 的感化，並且從他受了菩薩戒，本來只在京畿範圍內斷肉禁酒；後來更進一步在全國推行佛教三長齋月和六齋日的齋戒：「又斷天下屠殺，年三月六，勸民齋戒，公私薰辛，亦除滅之。」《北齊書》卷十四也記載，文宣帝天保末年，他還接納了篤信佛教的高元海（北齊神武帝高歡姪孫）的勸說，祭祀宗廟不用牢牲，和梁武帝一樣請祖先吃素了。不過，文宣帝去世後，似乎就不再執行年三月六的齋戒了。北齊後主高緯在位時 (565–576) 時，高元海還勸說他「禁屠宰，斷酤酒」。

　　結束南北朝分裂局面的隋文帝楊堅，他自幼是在佛寺中長大的，很自然地成為佛教信徒和佛教的復興者，仁壽元年 (601)，他曾經派遣使者到

各地建立舍利塔，同時，他也在全國實施三長齋
月的斷屠禁殺。《歷代三寶記》記載，開皇三年
(583) 時，隋文帝下旨：「其京城及諸州官立寺之
所，每年正月五月九月，恆起八日至十五日，當
寺行道。其行道之日，遠近民庶，凡是有生之類，
悉不得殺。」原來三長齋月是要在這三個月中，
從初一到十五的齋戒禁殺，隋文帝則將齋戒的日
子縮減為八日到十五日。

　　唐高祖建國之初，在還沒有完全掃除隋末群
雄的時候，就下了斷屠令，可能有他政治上的考
量，目的在安撫民心，表示承繼隋代尊崇佛教的
傳統。另外，也和當時經歷隋末兵亂、民生凋弊
的情況有關，在下了斷屠令之後的一個月，武德
二年二月，因為穀價飆漲的緣故，又下令關內各
州禁酒。

　　唐高祖下斷屠令時，雖然是繼承南北朝以來
崇佛的傳統，但是他又顧及到唐朝皇室所依託祖
先李耳，所以他在制定斷屠日時，是兼取佛教三

長齋月和道教十齋日。有趣的是，自從唐高祖下
詔以道教的十齋日和佛教的三長齋月並為禁屠日
之後，佛教僧人也就將十齋日視為自己的齋日。
唐初詩僧王梵志（約 590–660）〈六時常禮懺〉詩
中，就將十齋日和三長月並提：

> 六時長禮懺，日暮廣燒香。
> 十齋莫使闕，有力煞（熬）三長。

而僧人在講述佛經時也自然將十齋日融入經文
裡，唐代佛教寺院俗講的文本中，也出現了十齋
日的勸說，《妙法蓮華經講經文》：

> 三八鎮遊諸寺舍，十齋長具斷昏（葷）辛。
> 如斯淨行清高眾，經內呼為女善人。

「三八」是指一個月之中的初八、十八和二十八。
十齋日是在六齋日之外，再加上初一、十八、二十

四和二十八，故一個月裡「三八」日中，十八和二十八是「十齋日」裡的內容。因此，「三八士須斷酒肉」、「三八鎮遊諸寺舍」，都是在強調十齋日。

佛教的俗家信徒也將十齋日視為佛教的齋日，以敬信佛教著稱中唐時代的詩人白居易(772–846)，也是每年持一次八關齋，每月持十齋。到唐武宗時代，朝廷已經將十齋日視為佛教的齋日，在武宗會昌毀佛時，只保留了道教三元日的斷屠，而廢去三長齋月和十齋日的禁殺，「仍准開元二十二年十月二十日敕，正月、七月、十月三元日，各斷屠三日，餘望並停。」約在九世紀成書的《地藏王菩薩本願經》，就出現了十齋日的敘述，由於地藏信仰的興盛，使得宋代以後的人，往往將十齋日限定為「地藏十齋日」。一直到今日，佛教徒多持十日齋，而不是六齋。

唐代基於宗教理念為出發點的斷屠令，不僅僅是一個吃的問題，它也成為一個刑法上的問題，在《唐律疏議》中，清楚地說明在禁屠月日裡不

准執行死刑，並且明訂了違犯此一法令的罰則。
另外，從唐代開始，官員也避免在三長齋月中走
馬上任，稱為「忌月」或「惡月」。宋人洪邁《容
齋隨筆》記載，這是因為唐代藩鎮刺史上任都有
勞犒軍隊的習俗，由於這三個月是斷屠月，不能
宰殺羊豬，所以避免在此時蒞官；後來相沿成俗，
其他官員也避免在此三月上任。從明清的一些筆
記中，可知這一種官場上的風習，一直延續到清
代。由此可見，唐代斷屠令影響真是不小啊。

以下就來談談斷屠令實施的情形，究竟在皇
帝規定的禁殺斷屠日裡，大家是否真的清淨不沾
腥膻呢？它又對人民日常生活產生什麼樣的影響？

對於唐代絕大多數的平民而言，斷屠月對他
們的影響並不是很大，因為他們平常也不是經常
可以吃到肉。另外，農民也可以宰殺自己所養的
家禽，如鴨、鵝等——只要不被告密的話。對於
居住在城市裡的人，以及朝官和地方上大小的官
員來說，影響就比較明顯；他們食用的肉品和魚

產是來自市場的，而在斷屠月日裡，市場的管制必定相當嚴格。

從以下幾個記載，也可知唐代斷屠月日裡，真的是禁止屠宰。在〈隋司徒陳公捨宅造寺碑〉中，敘述隋代司徒陳公在南朝末年的孝行事例之一，就和當時實施的三長齋月有關。陳公的繼母生病、想要吃肉時，恰好碰到禁屠日，買不到肉，陳公便割下自己的股肉，做成羹湯奉食繼母。孫翌〈蘇州常熟縣令孝子太原郭府君墓誌銘〉中，敘述武則天時代的孝子事蹟，很類似二十四孝中的哭竹生筍的故事。常熟縣令郭思謨事母至孝，郭母患病而需要吃肉，剛好碰到斷屠月，郭思謨每天對著天大哭，不知哪裡去找肉，後來有烏鴉銜著肉來，放在他家庭院的階梯上。在《佛祖統紀》中，也記載著一個很生動的故事，因為高僧善導 (613–681) 的感化，長安城滿城斷肉，當時有一個姓京的屠夫，就沒有生意可做了，無以為生，氣憤之餘，就拿了刀子，要去殺善導。不過，他

面對的畢竟是高僧，不但殺不了他，善導還為他開示，使這個屠夫萌生善念，而發願向佛。

唐人劉肅所著《大唐新語》一書中，有一則記載敘述在斷屠日裡官員無肉可吃的苦悶。武則天任命不識字的侯思止 (?–693) 為御史，他對同僚說：「今斷屠宰，雞、豬、魚、驢肉，都吃不到，光吃米、麵，怎能不餓呢？」

當然，也有人是違犯斷屠令的。武則天長壽元年 (692) 五月，右拾遺張德因為慶祝自己的兒子出生，私自殺羊宴請同僚，補闕杜肅參與此宴之後，第二天上朝就告發他。在唐武宗會昌四年 (844) 四月，中書門下就奏稱：大多數的卿相大臣都是能夠遵守三長齋月斷屠令的，但是各地執行嚴格的程度不一致，有一些地方只限定不能殺羊，因此有屠夫遊走漏洞，殺驢或牛販賣。由於齋日肉品難得，這些屠夫因此獲得了厚利。因為這封奏書是請廢去三長齋月，因此，它所敘述違犯的情形可能有誇大的嫌疑。

　　從唐高祖下令三長齋月和十齋日裡，禁斷屠宰，在整個唐代二百多年裡，除了武宗毀佛兩年之外，這個政策一直被貫徹執行著。在那個沒有冰箱可貯存食物的時代，禁屠日裡市場不賣魚肉，雖然沒有強制規定人們在家一定要吃素，但是除了可以貯存的臘味之外，人們也只好和御史侯思止一樣，只吃米和麵了。

佛教的節日和庶民的娛樂

　　佛教也不僅僅是給當時的人們帶來斷屠齋戒的制約而已，事實上，佛教的節日是當時人們最重要歡娛的節慶。從南北朝開始，四月八日佛誕日的浴佛儀式和行像活動，七月十五日的盂蘭盆會，都是上自皇帝，下至平民，熱烈參與的活動；在這些活動中，附帶伎樂供養中的音樂歌舞和供養品，也都成為大眾參觀遊賞的對象。另外，都市裡的佛教寺院則在某些特定的日子裡，成為人們最重要的遊觀場所。

伎樂供養

　　寺院和娛樂似乎扯不上關係，但是佛經中屢

次提到：以瓔珞珍寶、香花或幢蓋等莊嚴之具、和伎樂供養佛、佛舍利或是經典（法舍利），可以得到功德和福報。如《悲華經》卷七，佛說：「我涅槃後，若有眾生，以珍寶伎樂供養舍利，乃至禮拜右繞一匝，合掌稱歎，一莖華散，以是因緣，隨其志願，於三乘中各不退轉。」在《摩訶般若波羅蜜經》卷九〈大明品〉中，釋迦牟尼佛也說：以瓔珞、幢蓋香花和伎樂，供養佛涅槃後的舍利塔或是《般若波羅蜜經》，都可以得到很多福報。以音樂、舞蹈供養諸佛菩薩，原來是印度的風習，它也隨著佛教的傳來，傳入中國。四世紀末，法顯西行求法，路過佛教昌盛的于闐國，留下深刻的印象，他說：「其國豐樂，人民殷盛，盡皆奉法，以法樂相娛。」當時于闐僧人有數萬人，在齋日法會時，伎樂供養的梵音，是人們重要娛樂。寺院僧人常在特定的節日裡，如每個月的六齋日、佛誕節、七月十五日的盂蘭盆會，在寺院、佛像前演奏音樂，還配有舞蹈，和各種雜技表演。

伎樂供養的內容可分為兩種，一是音樂歌舞，一是百戲，它們主要是在以下的時間裡表演：一是六齋日或佛教的重要節日，一是四月八日的行像活動中。《洛陽伽藍記》記載洛陽一些寺院在六齋日的各種伎樂供養：王典御寺「至於六齋，常擊鼓歌舞」，而以景樂寺六齋日的伎樂供養最為著名：「常設女樂，歌聲繞梁，舞袖徐轉，絲管寥亮，諧妙入神。」由於景樂寺是一所尼寺，即使是在六齋日寺院開放的日子裡，信徒男眾也不能進入寺內禮拜參觀；那些能夠進入寺內參拜，並得以見到伎樂供養的人，都為那種曼妙的音聲舞蹈所感動，幾乎以為自己是到了天堂。關於佛寺裡的伎樂百戲，舉北魏洛陽伎樂百戲最為精彩的景樂寺為例，這個寺院的創建者是太傅清河文獻王元懌（487–520），後來他的弟弟汝南王元悅（494–532）又加以整修，並且更加充實這個寺院的伎樂供養，除了前面所敘述的音樂歌舞之外，又引入了百戲雜耍「奇禽怪獸，舞抃殿庭，飛空幻惑，

世所未覩。異端奇術，總萃其中。剝驢投井，植棗種瓜，須臾之間皆得食。士女觀者，目亂睛迷」。

　　每個月六齋日寺院裡的伎樂供養，主要是對佛的禮敬，但同時也有意造成一種佛國淨土的意象。《廣弘明集》卷七記載，梁武帝信重佛教，寺像崇盛，有一個叫荀濟的人，便上書指出佛教有十項妨礙國家政刑之處，其中第九項是「設樂以誘愚小，俳優以招遠會；陳佛土安樂，斥王化危苦」。說明了寺院伎樂供養中悠揚的樂聲、曼妙的舞姿吸引信眾，梵音法樂能靜慮心思，使人覺得佛國淨土真是如此清淨美好。在佛教特定的節日裡，僧人每每「設樂像前」，在寺院中以伎樂供養諸佛菩薩。白居易在洛陽龍門建造香山寺，後來又增建「經藏堂」以收藏佛經，唐文宗開成五年(840)九月二十五日這個經藏堂落成，舉行了伎樂供養會，白居易在〈香山寺新修經藏堂記〉裡，形容「以香火爇之，以飲食樂之，以管磬歌舞供養之」。

　　寺院裡作伎樂供養演出的舞女樂人是哪裡來的？依照佛教的戒律，僧尼是禁止從事音樂演奏的；因此，在洛陽皇室貴族所建立、支持的寺院，伎樂供養的隊伍有的出自皇家的教坊、貴族的家伎，或者是雇請俗人樂伎。另外，有一部分則是寺院自己所擁有的樂人。皇帝有時也將官府的樂人賜給寺院，或者在節日時由官府的樂人支援寺院的伎樂供養，和行像活動的音樂隊伍；如北魏洛陽景興尼寺在四月八日行像隊伍前的「絲竹雜技」，都是皇帝下旨給的。《洛陽伽藍記》記載：在洛陽城有兩個里分別稱為「調音里」和「樂律里」，里內的人都是從事音樂演奏歌唱的「絲竹謳歌，天下妙伎出焉」，洛陽寺院裡的伎樂供養有可能雇請這種專業的人員。又如，南朝宋明帝泰始元年 (465)，皇帝任命僧瑾為天下僧主，賜給他「法伎」一部。

　　有的寺院也有專屬於自己的樂人，他們不是僧尼，而是附屬於寺院的俗人，如「淨人」等，

他們從事一些經律中所說僧尼不能做的事。唐代敦煌的寺院中就有它們所屬的「音聲人」。《續高僧傳・唐京師清禪寺釋慧冑傳》記載：清禪寺有很多淨人，而沒有事可讓他們勞動，慧冑就選了其中二十人，讓他們學習歌舞，「每至節日，設樂像前，四遠同觀，以為欣慶。故家人子弟，接踵傳風，聲伎之最，高於俗里。」由此可見，從北魏到唐代，由於寺院中有伎樂供養，使得寺院的

伎樂供養，敦煌莫高窟第一五六窟

音樂舞伎始終維持著相當高的水準，有的甚至高出民間。敦煌莫高窟壁畫經變中的飛天伎樂，也有描繪民間的世俗伎樂和官府伎樂，從這些圖像中，都可以反映那個時代的伎樂和所使用的樂器。

1977 年在陝西省西安市發現一個唐代青石佛座，上面滿布的線刻圖像，可以為佛教的伎樂供養做最好的說明。這個佛座高五十公分，橫切面呈正方形，每面寬八十公分，它的正面刻一個博山爐，兩側是二名跽跪的僧人，執杓向爐內添香；佛座左側刻三個男樂人，分別持鐃鈸、羯鼓和腰鼓；右側刻三個女樂人，分別持「阮」、琵琶、「撫拍」；佛座的背面也是一組三人的男樂人，捧

陝西臨潼北周的佛座

笙、吹排簫和吹笛。香煙繚繞、梵樂清揚，顯示
了唐代佛教供養禮儀的一部分，十分隆重雅緻。

佛教的節慶

佛教的節慶中，最重要的是佛誕節和盂蘭盆
會。關於佛誕日，由於譯經時代曆法的差異，釋
迦牟尼佛的生日有兩個版本，二月八日和四月八
日，北朝多以四月八日慶祝佛誕節，南朝到唐代
是用二月八日，而宋代北方改用臘八，南方則用
四月八日。慶祝佛誕節有二種儀式，一是浴佛，
一是行像。中國慶祝佛誕節最早舉行浴佛的儀式，
可追溯到西元二世紀末時，在大江南北的廣陵（今
江蘇省江都東北）和建業都有浴佛的活動。東漢
獻帝時（二世紀末），都督廣陵漕運的笮融篤信佛
教，「每浴佛，多設酒飯，布席于路，經數十里，
民人來觀及就食且萬人，費以巨億數。」三國孫
吳末帝孫皓在位期間 (264–265)，建業也有浴佛的

儀式。三世紀中葉，在華北的後趙君主石勒在四月八日這一天，都會親自到佛寺參與浴佛的儀式。五世紀時，南朝劉宋武帝、孝武帝也都於四月八日在內殿灌佛齋僧，同時在民間也普遍舉行浴佛的儀式。在舉行這個儀式時，通常也會舉行齋會，參與的人要出資贊助，以祈福祐。如劉宋時人劉敬宣八歲那一年，母親去世，他晝夜哭泣，在佛誕節浴佛時，他取下頭上裝飾的金鏡，為母親祈求冥福。又，宋新安王劉子鸞的母親殷淑儀去世，他在四月八日建齋灌佛，當時王府僚佐給的襯施都很大方，很多給錢五千或多至一萬錢，只有張融施給百錢。

最晚從三世紀以後，在四月八日這一天，除了浴佛之外，也舉行叫作「行像」或「行城」、「巡城」的儀式。行像就是用裝飾華麗的車輿載著釋迦牟尼佛像巡行城市的一種禮佛儀式，在佛像的巡行隊伍中，還有梵音法樂和百戲為前導，作為一種對佛的供養和禮敬。從《通鑑考異》引〈燕

書·文明紀〉的記載，可知後趙石虎統治的時代，四月八日不僅舉行浴佛的儀式，還有行像的活動。南北朝時代，南方各地的寺院普設齋會，以香湯浴佛，共做「龍華會」，象徵著彌勒佛在未來的下生人間，濟度眾生。同時，人們也在這一天「迎八字之佛於金城，設楄幢，歌鼓，以為『法華會』」，約略相當於北魏洛陽的行像。根據《菩薩處胎經》，釋迦牟尼在二月八日這一天成佛，隋代杜壹卿所撰的《玉燭寶典》記載當時的歲時習俗是：「二月八日巡城圍繞，四月八日行像供養。」

佛誕日的行像活動是從西域傳來的，東晉時，西行求法的僧人法顯在《佛國記》（又名《法顯傳》）這本書中，記載了他在于闐目睹佛誕節行像的盛況。北魏都城洛陽受西域影響，行像的規模和聲勢之壯麗，不下於于闐。北魏時人楊衒之的《洛陽伽藍記》，對洛陽的行像活動有極生動的描述。于闐的行像活動是從四月一日就展開了，洛陽的長秋寺則在四月四日這一天，就以六牙白象背負

釋迦的行像出行，在此像之前，有百戲化裝成辟邪獅子，作為前導；還有藝人表演吞刀吐火的幻術，熱鬧無比；此外也有高空走索、踩高蹺的幢戲，奇詭悚人。在各個寺院的行像活動中，種種化裝的百戲奇裝異服，和各種奇幻的魔術，是最為引人注目觀賞的。昭儀尼寺伎樂隊伍的華美盛大，和長秋寺也不相上下。

到了四月七日這一天，洛陽城裡向官方祠曹登記的一千餘軀佛像，都集中到城南的景明寺；至四月八日佛誕節當天，這些佛像遊行進入宣陽門，在閶闔宮前，接受皇帝的散花禮敬。據楊衒之的描述，當時五顏六色的絲質幢幡迎風飄揚，佛像上的寶蓋也像天上的浮雲那樣多，香煙繚繞，瀰漫成霧，梵音法樂，驚動天地。在佛像之後，有一齣又一齣的百戲表演，僧人穿著法衣、手裡拿著錫杖，隨佛像前行，後面跟著眾多善男信女，手裡拿著香花，還有達官貴人或是騎馬或是乘車，加入這個佛像遊行的行列。當時有西域來的僧人

看到這個華麗盛大的行像活動，歡喜讚嘆，感動之餘，說：「這真是佛的國度啊！」

行像本身也是一項引人觀瞻的聖物，佛的行像往往用奇珍珠寶做成的，如長秋寺的行像，都是用金玉做成的，工藝的精巧，簡直難以用筆墨形容。在行像活動中，圍觀的人們爭先恐後想親睹這尊行像的風采，在人群互相推擠的情況下，常發生有人被踐踏至死的意外事件。昭儀尼寺的一佛二菩薩像的雕塑精彩絕倫，稱得上是全洛陽之冠。北周時峴州華嚴寺有一個高五丈的木製行像，製作精麗。南朝的行像也很講究，劉宋時擅長製造佛像的戴逵曾經花了十年的思考，製作了五軀行像，供在建康的瓦官寺。這些製作精美的佛像，用珍貴的珠寶、錦綺華蓋裝飾，放置在輦輿上遊行，是行像活動中最引人觀瞻的聖物，信徒也爭相頂禮膜拜。

北魏洛陽四月八日佛誕節的行像活動，是一年中娛樂的高潮。在那個沒有收音機、電視的單

調歲月裡，四月八日，是大家所期待一年一度最盛大的節慶，它不只是宗教的活動，同時也富含娛樂的功能。那一天，除了洛陽城裡各個寺院的佛像之外，雜技、百戲、幻術都作為遊行行列的一部分，辟邪獅子走在裝載佛像的「像輿」的前面，來自西域的幻術吞刀、吐火等奇幻的魔術，又有各式各樣的化裝表演。近代的「行香走會」中的雜技和幻術表演，應是源自於北魏時代的行像活動。唐代長安的大寺院平常也設有「戲場」，戲場有歌舞和各種雜技的表演；唐宣宗時戲場集中在慈恩寺，小規模一點的則在青龍寺，再其次的是在薦福寺、永壽寺表演。到了宋代，都城開封大相國寺前的戲場也是很有名的。

盂蘭盆會

七月十五日佛教徒以盂蘭盆供養寺院僧人，祈求度脫祖先的冥苦。盂蘭盆會的來源是《佛說

盂蘭盆經》，內容是說目連的亡母墮入餓鬼道，所有食物一到嘴邊，立即變成炭火，不能食用，十分可憐。目連無法可想，於是向釋迦牟尼佛請教解救之道。釋迦佛指點他在七月十五日這一天，準備百味五果、種種美食，放在盆中，供養十方大德，佛命眾位僧人為提供盆供的施主的七代父母咒願，然後接受這個供養。目連的母親因此而得脫離餓鬼道，佛也指示孝順的佛弟子們，也可以在這一天供養眾僧，以解救墮落惡道的七世祖先。這就在儒家所提倡的孝道之外，提供另外一種孝思的形式，如唸經超薦、施盆供等。

受了《盂蘭盆經》的影響，六朝時期的佛教徒為了救拔七世父母，報答養育之恩，便在每年的七月十五日供養佛和僧侶。據梁代宗懍所寫《荊楚歲時記》的描述，僧俗信徒在這一天都營辦盂蘭盆供佛。唐初以後，由於地獄思想的流行，使得人們更重視超拔七代祖先地獄之苦，盂蘭盆會在社會上就更為流行，而且做得極為盛大。上從

皇帝，下至平民百姓，都把盆供做得精巧豐富。
武則天如意元年 (692) 七月十五日，從宮中送出
盂蘭盆到各佛寺供養，武則天和百官一同登上洛
陽南門，觀看這個送盆供的隊伍，當時著名的文
人楊炯還立即做了一篇文詞雅麗的〈盂蘭盆賦〉。
唐代宗曾在七月十五日這一天，花費了百萬錢，
在宮城的內道場製作了一個用金玉裝飾的盂蘭
盆，並且陳設高祖以下的祖先神座，具備幡節、
龍傘的威儀，在幡上書寫各個祖先的尊號；從宮
內送到佛寺道觀，沿途都有儀仗樂隊護送，百官
都站在光順門前迎接這個隊伍，這也成為長安居
民觀看的一個美麗壯觀的遊行隊伍。至於長安城
內的各個寺院，都陳設著各種奇妙的假花果樹，
供養在佛殿前，給清淨的寺院添增喜慶華美的色
彩，平民百姓一一到各寺巡禮，供養僧人，並且
欣賞這種綺麗的景觀。

到底「盂蘭盆」或「盆供」是怎麼樣的一種
東西？裡面裝的是什麼？《荊楚歲時記》記載當時

的盆供是「廣為華飾，乃至刻木割竹，飴臘剪綵，模花葉之形，極工妙之巧」。也就是說，用竹子或者木頭做成的容器，盛著妝點得很精緻、形狀美麗的食物。唐代到中國求取佛法的日本僧人圓仁(794–864) 在《入唐求法巡禮行記》中，描述唐武宗會昌四年 (844) 七月十五日，他在長安所看到的盆供：各個寺院都製作花蠟花餅，並且用食物雕飾成各色花朵、果子和樹木的形狀，互相競賽花果的奇巧。這些盆供都陳列在佛殿前供養，百姓一一到城裡各寺院參禮，並且給予襯施。

宋代以後，盂蘭盆的內容有所轉變，宋代孟元老《東京夢華錄》描述北宋都城汴梁（今河南開封）中元節時，提到在七月十五日前幾天，市場上就有人賣冥器衣物，「又以竹竿斫成三腳，高三、五尺，上織燈窩之狀，謂之『盂蘭盆』，掛搭衣服冥錢在上焚之。」可知盂蘭盆供的內容和對象都改變了，從供養諸佛和僧人的食物，變成焚燒給祖先之用的冥錢衣物。

正月燃燈

中國自古以來，正月十五日就是一個節日，漢朝時人們在這一天祭祀太一，從黃昏延續到次日天明。六朝時的人則在這一天祭祀門戶；到六朝末年，受到佛教經典和西域地區在正月十五日燃燈供養諸佛的影響，才發展出這一天在寺院裡燃燈。佛典中屢次提到用燃燈、懸幡、焚香、散花等方法供養佛舍利、佛像，可以得到很大的功德，甚至有一部佛經《佛說施燈功德經》（又名《燃燈經》），內容講的是燃燈供養諸佛的功德。到了唐代，不僅寺院在正月十五燃燈供佛，而民間也點燈祈福，唐玄宗天寶三載 (744) 十一月特地下了一道詔令：每年依舊在正月十四、十五、十六開坊市門，燃燈祈福，永為常式。

關於唐代正月燃燈祈福的情形，圓仁在《入唐求法巡禮行記》中，描述了唐文宗開成四年

(839) 台州（今浙江臨海市）的情況：從正月十五日到十七日這三天，各個民宅都掛著燈籠，而寺院裡則燃燈供佛，並且祭拜寺院祖師的肖像。各寺在佛殿前搭建一座燈樓，另外在殿前的階下、庭院，以及沿著佛殿的走廊旁側，都置油盞點燈，燈的盞數多到難以估算，把整個寺院照耀得燈火通明。城裡的善男信女們都在深夜裡來到寺院，在燈盞之前，放置施捨的供燈費用。在一個寺院觀燈捨錢之後，又到其他寺院禮拜施捨。由於凡是來看燈禮拜的信徒們，必定會捨錢後才離去，所以各個寺院的殿堂和僧院，都競相燃燈。台州無量義寺裡就設有匙燈、竹燈，做成佛塔的形狀，結構非常精妙，高度達到七、八尺，估計在這個寺院裡共有一千盞這種形狀的燈，非常壯觀。唐代崔液寫了一首〈夜遊詩〉，描述寺院的燃燈供養：

神燈佛火百輪張，刻像圖形七寶裝。

影裡如聞金口說，空中似散玉毫光。

在寺院燃燈的活動遍及各地,在敦煌文書中也有正月燃燈的資料,如 S. 5828 號文書:「每年正月十四,各人納油半升,于普光寺上燈。」

在正月十五、十六、十七這三天,因為要便利百姓到寺院觀燈施錢,以及到城內住宅區和市區觀燈,特別取消了城市裡的宵禁,蘇味道 (648-705)〈正月十五夜〉就是形容十五日晚上長安城的燈火和遊人的情景:

火樹銀花合,星橋鐵鎖開。
暗塵隨馬去,明月逐人來。
遊伎皆穠李,行歌盡落梅。
金吾不惜夜,玉漏莫相催。

可見正月十五日燃燈供佛和民間的燃燈祈福,人們爭赴各個寺院觀燈、施捨祈福、和在市街內賞燈夜遊,是百姓一年之中少有的經驗。因為在中古時期嚴格的坊市制度之下,僅有在正月十五前

後三天，沒有宵禁，從晚上到天明，人們可以自由自在地在城市的大街小巷裡遊走賞玩。

寺院俗講

除了佛教的節日之外，在平常的日子裡，寺院的「俗講」也是一般社會大眾重要的娛樂之一。

所謂的「俗講」，是寺院裡的「俗講僧」以通俗的方式講解佛經，增加故事的成分。從僧人的角度來說，俗講是從勸善和傳教作為出發點，為吸引信眾而增加了內容的趣味性。然而，在那個缺乏娛樂的時代裡，俗講卻因為它的生動有趣，而成為庶民日常的娛樂之一。唐敬宗時的詩人姚合在他所寫的〈贈常州院僧〉詩中，對於社會大眾對俗講的風靡，有很生動的描述：「仍聞開講日，湖上少魚船。」另外一首〈聽僧雲端講經〉詩：

無生深旨誠難解，唯是師言得正真。

　　遠近持齋來諦聽，酒坊魚市盡無人。

　　到了俗講開講的日子，大家都跑到寺院裡去聽講
了。這絕對不僅是由於大眾的求法心切，也是因
為俗講生動有趣、兼具娛樂功能的緣故，吸引了
大眾前去聽經聞法。不僅平民百姓對俗講有興趣，
連皇帝也去湊熱鬧，敬宗寶曆二年 (826) 六月己
卯日，皇帝親自到興福寺去觀看著名的俗講僧人
文漵講經的盛況呢。

　　俗講開講的日期，是在三長齋月。圓仁《入
唐求法巡禮行記》有四處記載長安的俗講，分別
是在會昌元年 (841) 皇帝在正月一日、五月一日
和九月一日下令長安左右兩街寺院開俗講；另外，
會昌二年 (842) 正月一日、五月也有俗講。正、五、
九三個月正是「三長齋月」，後唐明宗〈條流僧尼
詔〉中，也規定僧尼如要開講「須至斷屠月」，也
就是三長齋月。開講的時間有時候將近一個月之
久，如會昌元年正月的俗講，是從一日至二十五

日。正是因為俗講開講是在斷屠的三長齋月，不能賣肉捕魚，所以姚合有詩「遠近持齋來諦聽，酒坊魚市盡無人」。

俗講有它一定的儀式，在聽眾雲集之後，鳴鐘開始，僧人率領眾人禮佛，講師登座後，先說一段「押座文」，導引聽眾息慮收心，專心聽講。敦煌文書中就有很多「押座文」，這些押座文絕大多數是七言詩句組成的。在押座文之後，才開始講說演敷經文。到這一場講經即將結束時，會有一段「散座文」，勸聽眾早早回家，明日再來聽講，如：

欲得千年長富貴，無過念佛往西方。
合掌階前領取偈，明日聞鐘早聽來。

又，從另一段散座文，也可知當時婦女前去聽俗講的人很多：

今朝法師說其真，坐下聽眾莫因循。

念佛急乎歸舍去，遲歸家中阿婆嗔。

將一個小媳婦在忙完家事之餘，抽空前來聽俗講的心情，描繪得十分生動。

俗講為什麼如此吸引大眾，除了經文的內容經過俗講師生動化之外，講經的形式富於變化，散文和韻文相兼，慧皎在《高僧傳》中說「詠經則稱為轉讀，歌讚則號為梵唄」。用莊嚴的聲調雜糅著經文，可以達到「使聽者神開，因聲以從迴向」的效果。到了唐代，有些經師吸收了民間音樂，使得轉讀更富娛樂性，道宣在〈續高僧傳・雜科聲德篇〉中，就抨擊著當世某些僧人為取悅女性聽眾，而採用當時的流行音樂，使得轉讀變得輕華嬌婉。其實，也正是由於僧人想出各種辦法來吸引信徒，使得俗講更具娛樂性。

另外，僧人的宣唱佛名，原來是為了利用聲律開導信眾，它平靜和諧的音聲，不僅感動了信徒，也影響了當世俗人的音樂。《太平御覽・樂

部・宴樂條》中，記載唐穆宗時著名的俗講僧人文漵「善吟經，兼念四聲觀世音菩薩，其音諧暢，感動時人。樂工黃米飯依其念菩薩四聲，乃撰成曲也」。佛教的音樂反倒影響當代的音樂，樂人採用文漵唸菩薩的音調，譜成新曲。

寺院園林

　　現代的寺院是每日都對外開放的，中古的寺院則僅有在某些特定的日子裡才准許寺院僧尼以外的人進入。北魏洛陽的寺院只在每個月的「六齋日」，一般人才可進去寺院禮拜參觀，一直到北宋都是如此。如《東京夢華錄》卷三記載：汴梁大相國寺每個月開放五日：初一、八、十五、十八、二十八日，這五天也是在前面所說的「六齋日」和「十齋日」之中的齋日；也就是說，北宋開封的寺院也僅在某些齋日裡開放。

　　信徒們在寺院開放的日子裡，來到寺院，除

了禮佛之外，還可以欣賞寺院的伎樂供養，以及
觀賞寺院的園林。北魏洛陽各個寺院都有園林，
種植各色的果木，其中以龍華寺、追聖寺和報德
寺這三個寺院的園林最為出色。另外，承光寺也
種了許多果樹，而以柰實最為著名，風味絕佳，
在洛陽排名第一。當時人評定：「報德之梨，承光
之柰」是最為鮮美的。至於洛陽佛寺園林最華美
的，則要算是景明寺了；它是北魏宣武皇帝所建
立的佛寺，地理位置特別好，在宣陽門外一里御
道東，前面瞻望嵩山，而寺院裡面除了殿堂僧房
之外，都是假山水池，遍植青松翠竹，階庭欄杆
垂著蘭花香草。可和景明寺相提並稱的，是城西
的大覺寺，它原來是廣平王元懷 (488–517) 的住
宅。洛陽是帝都所在，本來就有很多達官貴人的
住宅，它們都有設計精巧的園林庭院。在北魏末
年的動亂之後，有些貴人將他們的住宅捐作寺院，
叫作「捨宅為寺」。這些原來是達官貴人園宅的寺
院先天條件就很好，擁有漂亮的園林，大覺寺原

來就有開闊的景觀，「北瞻芒嶺，南眺洛汭，東望宮闕，西顧旗亭（市樓）」，至於它內部的園林、樓閣、池沼，則在不同的季節裡展現不同的丰姿，春日裡園中蘭花盛開，秋來天涼葉落，滿園則遍布黃色的菊花。

在西陽門外御道之北寶光寺的園林，是洛陽士人最喜歡前往遊玩的地方，園內「園池平衍，果菜蔥青」，還有一個很大的水池，叫作「咸池」，池畔的景觀是「葭芙被岸，菱荷覆水，青松翠竹，羅生其旁」。洛陽城的士人到了休假的時候，都呼朋引伴，到這個寺院來遊園賞景。緊鄰著寶光寺的一所寺院是法雲寺，它和寶光寺隔牆並門，園林也是頗為著名的，《洛陽伽藍記》形容園裡「花果蔚茂，芳草蔓合，嘉木被庭」。北魏洛陽佛教很興盛，當時有三千名外國僧人負錫持經來洛陽傳法，城西的永明寺就是宣武帝為安置來華的外國僧人而建的，這個寺院有僧房一千間，它的庭園也是很有名的「庭列脩竹，簷拂高松，奇花異草，

駢闐堵砌」。

　　唐代長安、洛陽寺院也多以園林中的花木著
稱。唐人喜愛牡丹，中唐以後長安城的宮苑和民
宅寺院遍種牡丹，寺院中僧人培養的牡丹尤其著
名。《劇談錄》記載：「京國花卉之辰，尤以牡丹
為上。至於佛宇道觀，游覽者罕不經歷。」如在
長安延康里的西明寺、大寧坊的興唐寺、慈恩寺、
興善寺等，都以它們花園裡的牡丹著稱。《酉陽雜
俎》記載：興唐寺有牡丹一叢，著花一千二百朵。
詩人元稹有〈西明寺牡丹〉詩，歌詠西明寺的牡
丹燦爛：

　　　　花開琉璃地上生，光風炫轉紫雲英。
　　　　自從天女盤中見，直至今朝眼更明。

　　《唐語林》卷七有一則慈恩寺僧人培養牡丹
奇種的故事：長安慈恩寺浴室院有兩叢牡丹，一
開起花來，數目多達五、六百朵。唐武宗會昌年

間，有幾名朝官一同來此寺遊覽，看到東廊院盛
開的白牡丹可愛動人，讚嘆著說：「世間所能見到
的牡丹，都是深深淺淺不同的紫色花朵，竟沒看
過深紅色的花呢！」當時一位年老的僧人在旁邊，
忍不住說：「怎麼沒有呢？只是諸位沒見過罷了。」
這幾位朝官就追問哪裡可看到深紅的牡丹，老僧
人不肯說，那幾位朝官就留在寺院過夜，不肯離
開。最後，老僧人被他們的誠意感動，才說：「既
然各位如此愛好牡丹，我怎能夠自己珍藏？只是
不知您們能不能為我保守秘密？」朝官們都答應
不告訴別人，僧人於是帶他們到一個僧房，房內
設有佛像佛幡，有一個以布幕遮蓋著的板壁，僧
人在布幕後啟動機關，前面便展現一個小小的院
落，和一個很精緻整潔的小佛堂，在柏木做的庭
軒欄杆前，有一叢深紅色的牡丹，好幾百朵花隨
風搖曳，映著朝陽，上面還留著未散盡的露水點
點。朝官們欣賞讚嘆，一直觀看到傍晚才回去，
他們臨走前，僧人說道：「我這叢牡丹栽培二十年

了，不小心漏了口風，從今以後，不知道它還能不能存留下來呢？」過了數日，老僧人應幾名少年之邀到曲江賞花時，寺院的弟子氣急敗壞地來通報說：「寺裡來了幾十個人，正在挖掘那叢牡丹花，沒辦法阻止。」老僧人急忙趕回寺裡，只見那些人正用大畚箕裝著花叢帶走。那幾個少年對老僧人說：「我知道您有名貴的花，我的家人都想看一看，恐怕您不肯割捨，不敢先告訴您。我已經留下三十兩黃金、蜀茶二斤，作為報酬。」竟然硬生生地將那叢名貴的花搶走了。

佛教與中古的女性

中古時期，上從皇太后，下至婢僕侍女，大都虔奉佛教。以皇室婦女來說，北朝時期有十位皇后出家為尼，她們或是在失寵、有罪、皇帝駕崩、改朝換代後，出家為尼。

皇后比丘尼

洛陽城內的瑤光尼寺原來就是皇家所建立的寺院，它平常就是皇宮內院妃嬪禮佛的場所；有些貴族的婦女因為喜好佛法，願意出家修道，也都在這個寺院落髮為尼。北魏有三個皇后出家，都住在這所尼寺裡。北魏孝文帝馮皇后的親姐姐馮昭儀謀奪皇后的大位，便向孝文帝造馮皇后的

謠，馮后因此被廢為庶人。由於馮后的父親馮熙是篤信佛教的，馮后從小就親近佛教，在被廢斥之後就出家為尼，住在瑤光尼寺，最後也在寺裡去世。宣武帝駕崩之後，皇后高氏也在瑤光尼寺出家，除了節慶之外，不再入宮；後來為了應天文圖讖而暴卒，她的遺體被送回瑤光尼寺，以比丘尼的儀禮埋葬。孝明帝武泰元年 (528)，胡皇后出俗為尼，也是住在瑤光尼寺。北魏亡國後，北魏孝莊帝的爾朱皇后，先是被後來的北齊神武帝高歡納為彭城太妃，其後她出家為尼，高歡還特地為她建造了一所佛寺。

西魏乙弗皇后出家的故事，非常哀婉動人。西魏文帝和乙弗皇后感情很好，由於當時東、西魏並立，柔然又來侵擾邊境，文帝為了避免兩面作戰，所以和柔然和親，迎娶柔然國主阿那瓌的女兒為皇后，而讓乙弗皇后出家為尼。後來，因為文帝始終不能忘情於乙弗皇后，要她再蓄養頭髮，打算再接她回宮。柔然國主為失寵的女兒打

抱不平，所以在大統六年 (540) 用全國的兵力渡過黃河，來向文帝興師問罪。文帝為了不再輕啟戰端，只好將他心愛的乙弗皇后賜死。乙弗皇后死前，召請僧人誦經，同時命令她的十幾位侍女出家，並且親

麥積山第四三窟，西魏文帝乙弗皇后的瘞窟

自為她們剪去頭髮。由於她生前篤信佛教，文帝就為她在麥積山開鑿一個石龕，以埋藏她的遺體。據傅熹年考證，現存在甘肅麥積山第四三窟，就是乙弗皇后的瘞窟。在這以後，西魏恭帝的若干皇后也是出家為尼，並且在佛寺裡去世。

北齊、北周也有好幾位皇后出家。北齊文宣帝（在位期間：550–559）的李皇后，在文宣帝駕崩之後，因為得罪武成帝（在位期間：561–564），被用牛車送往妙善尼寺，李皇后本來就篤信佛教，

就在那個尼寺出家了。北周宣帝同時立了五個皇
后，他去世後，其中有兩位皇后出家為尼；陳皇
后法名華光，元皇后法名華勝。另外，生了靜帝
的朱皇后，在隋代取代北周政權後，也出家為尼，
法號法淨，去世後也以比丘尼的儀禮，葬在長安
城西。

　　以上所敘述的北朝皇后都是在一種不得已的
情況下，遁入空門；到了唐代則有一個大翻轉，
唐高宗的武則天皇后反倒利用佛教，來達到做女
皇帝的目的。武則天十四歲那一年入宮，做了唐
太宗的才人，太宗去世後，她就進感業寺為尼。
兩年後，再度入宮，而受到高宗的寵愛。不過，
她畢竟是一個有雄才大志的女子，一心想做女皇
帝，由於傳統儒家是不容許女人做皇帝，而唐朝
皇帝姓李，又和道教之祖李耳認宗，也不可能支
持這個武姓的女子做皇帝。因此，她便轉而從佛
教方面來尋求支持的力量，因她從小就歸心佛教，
加上在感業寺期間的青燈黃卷，對佛學有相當的

涵養，故知道如何去利用佛教。在五胡十六國時譯出的一部叫作《大方等無想經》中，提到淨光天女轉身「以女身當王國土」，可以作為女子當皇帝的依據。為了進一步擴大宣傳，武則天命令僧人法明等人重新翻譯這部經典，稱為《大雲經》，在這個譯本中更明白宣揚女皇統治天下的觀念，說武則天是彌勒降生，當代替唐室為國主。天授元年 (690) 七月，武則天頒布新譯的《大雲經》；這一年九月九日，她就革了李唐的命，改國號為「周」。長壽二年 (693)，武則天又命人重譯《寶雨經》，進一步強化她是菩薩化身，做皇帝是如來的旨意。

因為武則天做皇帝的「天命」是來自佛教的依據，武則天也極力護持和提倡佛教，包括譯經、建寺、開窟造像。她即位後，就下令全國各州都要修建「大雲寺」。在京城裡，她建造了一個夾紵大像，規模宏大，光是佛像的小指、中指，就可以容納數十人，這尊大像是安置在明堂北面一座

叫作「天堂」的新建殿堂裡。此外，她還在龍門石窟造像，和修繕敦煌莫高窟。

捨此穢形

相對於武則天的雄心大略，一般的中古婦女則是受原始佛教貶抑女子的影響，而自慚形穢，矻矻於禮佛累積功德，以求脫離女身。

在佛教發展的早期，部派佛教對女性有相當的歧視，認為女子身有「五礙」，無法成佛。初期大乘佛教中的一切有部提出「轉身論」，也就是說女性努力修行之後，便能轉成男子身，再經由男身成佛。另外，初期大乘空系認為一切都是虛幻的，破除男女之見，因此人人都得以成佛的。中國雖然接受的是大乘佛教，不過，「轉身論」卻有最大的影響，這和《妙法蓮華經》(簡稱《法華經》)的流行有密切的關係。《法華經》中的〈提婆達多品〉，提及女子身有五障，龍女轉成男子身而成佛

的故事；一直到近代，「轉身論」還是相當流行的。
中古時代的女子多深受轉身論的影響，認為自己
是穢形，希望經由誦經禮佛，懺悔修行，而得以
脫離女身。如在龍門石窟蓮花洞裡有一個造像題
記，是北魏孝昌三年 (527) 四月八日，一位名叫朱
景妃的女子謙卑地敘述：「自惟先因果薄，福緣淺
漏，生於閻浮，受女人形。」天寶七載 (748) 七月
去世的契吳縣令朱祥夫人藺氏有一個女兒出家，
法名光嚴，「自晤已袪于女相」，她們都是深以自
已生為女身，而覺得慚愧。因此，她們希望透過
修道禮佛，以祈來世可以不再受女人身。1961 年，
在承德地區發現了一尊銅觀音像，它是北魏太和
十三年 (489) 七月東平郡一帶的婦女所建造的，
從刻在它方形座上的題記，可知她們希望藉著造
像的功德，可以「捨此女形」。

　　從唐代女子的墓誌銘中，也可看出「轉身論」
的流行。一位姓盧，名叫未曾有的女信徒，她是
埋葬在龍門瘞窟裡，在她的塔銘上的文字，也說

明了她希望能夠改變女身，達到成佛的期望；若
是來世不能變成男子、成佛的話，希望至少能夠
成為散花的天女：「必後成正覺，當示獻珠之奇；
如未轉女身，且為散花之侶。」

女人社

　　也許是由於這種希望藉由修習佛法，可以脫
離女形的共同想法，從北朝開始，就有一些婦女
組成自己的信仰組織，或叫作「邑義母人」，或稱
作「女人社」。北齊天保四年 (553) 二月二十日，
在一個叫作「公孫村」裡的婦女三十一人，共同
出錢建造一尊白玉佛像；北齊廢帝乾明元年 (560)
四月十五日，大交村「邑義母人」七十五人，建
造觀世音像一軀；東魏孝靜帝元象元年 (538)，在
山西有「合邑諸母一百人」一同建造佛像。她們
禮佛造像的目的，在孝靜帝武定三年 (545) 鄭清
等六十人這個婦女義邑團體所造像上的銘頌，可

以一目了然：

> 奇哉異母，識知无常。
> 緣鄉勸化，造石金剛。
> 捨此穢形，杲登天堂。
> 奇哉異母，善根宿殖。
> 晝夜憂惶，造像永託。
> 釋迦已過，彌勒願殖。

由此可知她們意欲脫離女身，並且期望可以成佛。

在敦煌文書中，有兩件「女人社」的文書，其中一件〈後周世宗顯德六年 (959) 正月三日女人社再立條件〉，就說到這些婦女「大者若姐，小者若妹」。這個社團裡每年正月中要建立功德，以祈求福祐，每個人出家粟一斛，一盞燈的油料，印沙佛和脫塔。這些女人社的成員的身分並不高，可能是小妻、媵妾或婢女。由此可以看出，從中原到西北的敦煌，都有清一色由女子組成的佛教

信仰團體。

　　除了造像累積功德之外，中古的婦女也以蔬食長齋，或者接受佛教的戒律的方式，來達到修行成佛的願望。唐代初年，一位毛處士夫人，名字叫作賈三勝，她在夫君去世後，就菜食長齋，禮佛拜懺，並且做了很多功德，總共寫經五百餘卷，並且出資建造一千餘軀佛像。她在唐睿宗景雲二年 (711) 閏六月九日安詳去世，享年七十四歲。在臨終前，她設齋供養高僧三天，行道禮佛；另外，還放歸四名家僮自由。另外一位晚唐的貴族婦女，則是虔修密教，她是御史大夫楊漢公的夫人韋媛，當時京兆韋氏家族社會地位很高，累世官宦，韋氏家族和杜氏家族都住在長安城南，當時有一句諺語：「城南韋、杜，去天五尺」形容這兩家族有多麼顯貴。這位貴婦人雖然錦衣玉食，心思卻全在修行上，她在唐宣宗大中初年時，從長安大興善寺三藏法師智慧輪受灌頂，得金剛光為本尊故師，以圓明性為稱號。每日修行「冥心

三密，未嘗一日不坐道場」。在武則天長安二年 (702) 去世的故朝議郎周紹業夫人趙璧，則因為遵守清淨的戒律，囑咐子女不要將她和其夫婿合葬，她生前常誦《法華經》「屏絕人事，歸依法門。受持《金剛般若》、《涅槃》、《法華》、《維摩》等四部經，晝夜讀誦不輟」。天寶九載 (750) 八月九日去世的禹城縣令李庭訓夫人崔上真，也是一位顯、密兼修的佛教徒：「常絕葷辛，持《般若經》，誦陀羅尼咒。」

在家菩薩

從唐代的墓誌銘裡，可知當時有一批篤信佛教的女子，她們未能如願出家為尼，但是終身未嫁，在家誦經禮佛，持齋行道。唐右千牛將軍龐同本的第六個女兒，名字就叫作「六兒」，她雖出身貴門，卻是一心向佛，棲心禪寂。十五歲那一年，她就自己剪去頭髮，穿上比丘尼的法服，她

的父親雖然不同意，但也無可奈何；玄宗開元六年 (718) 她終老於家，享年五十二歲，就葬在本家的祖墳。另外，從〈唐李處子（琰）墓誌銘〉，可知李琰的父、祖都是小官，她終身未嫁，一直隨侍父親身旁；玄宗天寶末年時，她的父親辭世後，隨著擔任臨安縣尉的兄長李深生活，而在玄宗天寶十五載 (756) 病逝於臨安。她的墓誌銘形容她「雖非落髮比丘，真是在家菩薩」。這些「在家菩薩」們，有些還受過菩薩戒，如在唐憲宗元和二年 (807) 去世的睦州桐盧縣令夫人李氏，就是從洛陽聖善寺的道懋大師受菩薩戒。

另外，也有為俗事所羈絆，沒法出家的人，則將自己的兒女送去做僧尼。天授二年 (691) 在洛陽去世的邢州任縣主簿王君夫人宋尼子，她告訴兒子們：「吾心依釋教，情遠塵俗，雖匪出家，恆希入道。」自己雖然沒有出家，但是一直想能夠遠離塵俗，所以她將自己的兒子度脫為大周東寺的僧人。

落髮比丘尼

　　由於受到家族信仰影響，有一些高門顯宦的子女是在年幼時就發願出家，並且得到家人的支持。唐代初年有名大臣司空蕭瑀 (574–648) 的女兒，及笄時脫離俗緣，法名法願，住在長安濟度寺的禪房。蕭瑀的一個孫女也是在這個寺院出家為尼，法名惠源。蕭瑀是梁武帝的後代，這個家族佛教信仰堅定，綿歷數代。在唐憲宗元和十年 (815) 遷化的比丘尼性忠，也是出身官宦世家，祖父劉正心曾任平棘縣令，父親劉從乂官拜鄭州榮陽縣令，她是長女，從小就有志於釋門，七歲的時候就拜師，二十歲受戒出家。後周時朔方軍節度使中書令衛王馮暉就有三個孫女出俗，他第四子繼玉，有兩個女兒出家，其中一位法名捨慈，是追隨著名僧人證惠大師出家的；第五子任朔方軍衙內都部署使、銀光青祿大夫、檢校刑部尚書

繼遠，也有一個女兒惠明，從寶懿大師出家。

　　有的官宦顯族女子出家後，還是住在家裡，而不住在佛寺裡。出身河東裴氏家族的駕部郎中、御史中丞裴倚，有一個女兒出家為尼，法號正性。她說「清淨者心」，所以有生之年不住在伽藍寺院，她在唐德宗貞元六年 (790) 在櫟陽縣修善鄉裴家的別墅病逝，就葬在其父的墳旁。

佛教與中古的男性

中古的男子從皇帝到庶民奴婢，大都是篤敬事佛的。從南北朝到唐代，受菩薩戒的皇帝有梁武帝、梁簡文帝、陳文帝、陳宣帝、隋煬帝、唐太宗、唐德宗等；至於官員受菩薩戒的也不少，如著名的書法家顏真卿 (709–785) 就是其中之一。在官員退隱的別墅裡，在官員任職的處所，也莫不有佛影僧蹤。

山居梵影

南朝著名的山水詩人謝靈運 (385–433) 在會稽郡始寧縣（今浙江省上虞縣西南）修築田園別墅，依山傍水，風景清幽，隱居在那裡，遊賞怡

情，為文賦詩。他所做的詩經常很快地流傳到都城建康，各個階層的人都競相傳抄，在很短的時間內大家就都讀遍了。因此，他雖然隱居在會稽，卻是名聲滿京師。他曾經寫了一篇〈山居賦〉，描述他的園林別墅，以及他的山居情懷。在這篇文賦裡，敘述他和著名僧人曇隆、法流二人的相識交遊；在他的別墅中，也建有供僧人習靜的禪室，和講說佛法義理的講堂。

> 四山周回，雙流逶迤。面南嶺，建經臺；
> 倚北阜，築講堂。傍危峰，立禪室；臨浚
> 流，列僧房。對百年之高木，納萬代之芬
> 芳。抱終古之泉源，美膏液之清長。謝麗
> 塔於郊郭，殊世間於城傍。欣見素以抱樸，
> 果甘露於道場。

謝家的別墅有茂林修竹，加上山中清虛寂寞，真是修道講經的好處所。在僧人冬安居和夏安居修

習講經時期，從各個地方來的僧人聚居在這裡講
經習業：

> 安居二時，冬夏三月。遠僧有來，近眾無
> 闕。法鼓朗響，頌偈清發。散華霏蕤，流
> 香飛越。析曠劫之微言，說像法之遺旨。
> 乘此心之一豪，濟彼生之萬理。啟善趣於
> 南倡，歸清暢於北机。非獨愜於予情，諒
> 僉感於君子。

謝靈運的山居別業裡，在叢山層巒的清瀑飛流間，
茂林修竹中，和山鳥溪澗相應的是繚繞入風的梵
唄佛讚。

御史臺精舍碑

　　唐代官員信奉佛教的精誠，可以用〈御史臺
精舍碑〉作為一個例子。御史臺是受理訟案，拘

「御史臺精舍碑」拓本

捕犯人、審訊罪犯的政治機構，裡面並且設有監獄。由於每年都有好幾千個犯人被羈押在這裡，御史臺的官員為了以佛教來感化這些罪犯，所以集資建造精舍，這個精舍在武則天長安初年完工，並且刊石立碑，記載始末，請殿中侍御史崔湜 (671–713) 撰寫碑文。由於這碑文完稿不久之後，崔湜獲罪被罷職，流放賜死，到開元十一年 (723)，才刊刻成碑，就是有名的「御史臺精舍碑」。碑陰有武則天時代到唐玄宗時期御史臺官員一千餘人的題名，意外地留下了珍貴的資料。

除了建造精舍之外，唐代的官員也以建造經幢的方式，意圖感化人心，導之以善。所謂的經幢，全名是「佛頂尊勝陀羅尼經幢」，這是唐代才

發展出來的一種佛教石刻形式，是在一個八面形的石柱上，鐫刻《佛頂尊勝陀羅尼經》。這部佛經宣稱它有「塵沾影覆」的神奇效力：凡是刊刻此經石柱的影子覆蓋到人身上，甚至只要這個石柱上的灰塵沾上

原起寺經幢

人的衣裳，都可消除此人先世的罪業。從中唐以後，人們便熱中於建立尊勝經幢。天寶元年 (742)，吏部南曹的官員摯宗、王彥昇、宋希朝等人為了勸善，在交露精舍建立佛頂尊勝陀羅尼經幢，並刻有〈吏部南曹石幢頌並序〉，記敘他們建造此一經幢的緣由、目的和祈願。

宦官的傳奇

　　另外有一類身分特殊的官員——宦官，他們崇信佛教的程度更遠遠超過上述的官員。從北魏太武帝以後，宦官握有重權，一則由於皇帝偏信宦官，二則因北魏有好幾個皇帝都是幼年即皇位，太后臨朝，因此宦官受到重用。如馮太后主政時，宦官抱嶷、王遇、張杞、薛承祖等，都位至王公。北魏的宦官位高權重，他們還擁有自己豪華的宅邸，如宦官季豐的「第宅華貴」。宦官雖然是受過宮刑的人，但北魏的宦官娶妻養子，形成一種風氣，有的是皇帝賞賜的，如太武帝將宮女郭氏賜給宦官王據；也有的是宦官自己聘娶的，如張宗迎娶蕭氏為妻。這些嫁給宦官的女子雖然可以過著榮華富貴的日子，但畢竟不能過著和一般夫妻相同的生活；由於宦官多虔信佛教，她們也就將落寞的心情寄託在宗教上，少數宦官的妻子後來

索性出家為尼了。唐代左神策軍護軍中尉兼左街功德使彭獻忠的妻子馮氏，就在唐憲宗元和十二年 (817) 出家受戒，皇帝還賜給她一個法名「正智」。

宦官不僅娶妻，也有養子，他們大都是收養自己兄弟的兒子或族人之子。這些養子可能自小受養父的影響，或是因為作為宦官的養子畢竟不光彩的緣故，有的養子就出家當和尚。也有另一種可能是因宦官自己不能出家，所以派遣養子出家，如唐玄宗朝著名宦官高力士的養子就到山西五臺山出家，拜僧人海雲為師，法名「守節」；他後來成為一位高僧，在他圓寂後，還有人為他建塔，供養存念。

宦官自身是不能出家的，這不是皇帝不肯放他們自由，而是佛教經典中的規定。律典中認為：黃門（宦官）——就是指經過閹割的男性，是因為在前世中做了惡事，才會獲得「男根不具」這種業報，所以黃門沒有出家為僧的資格。宦官是

不是因為感慨自己業障深重，而篤敬事佛呢？如果和前面女子因為受佛教「轉身論」影響之事相對照，可知是有這種可能的。中古女子因為自慚受女人形，而專志向佛，以期擺脫女身；那麼，宦官也可能有藉崇敬佛教，希望可以擺脫黃門「非丈夫相」的想望。另外，他們對佛教的熱忱和奉獻，可能和北朝開始流傳宦官的靈驗故事有相當關連。

在隋代文人侯君素所寫的《旌異記》這本書中，記載了在北魏孝文帝以後所流行的一則靈驗故事，主角就是一名宦官。這名宦官的姓名不詳，他為自己身體上的殘缺感到慚愧，所以奏請孝文帝准許他離開皇宮，到深山裡去修道。在初夏的時候，他帶了一部《華嚴經》入山，在那裡日夜讀誦，同時不停地懺悔自己的罪業；到六月底時，竟然有奇蹟出現：他的頭髮鬍鬚都長出來了，回復一個完整的男子漢了。他立刻回到京城，向孝文帝報告自己的靈蹟異事，孝文帝本來就信奉佛

教，又見到這種令人驚異的現象，就更加虔誠事佛了。根據《續高僧傳》的記載，由於這名宦官是讀誦《華嚴經》而產生靈蹟的，整個北魏境內《華嚴經》因此大為興盛流行。

另外一則宦官的靈驗故事中，這名宦官則是有名有姓的。據說北齊初年有一名皇子因為喜好佛法，而到五臺山去瞻禮，並且希望能夠在那裡見到文殊菩薩現身，但卻沒能見到文殊菩薩，就焚燒自己的身體以供養菩薩。後來，在皇子焚身的地方建立了一所「王子燒身塔」，又蓋了一所「王子燒身寺」來紀念他的虔敬。當時，皇子貼身的內侍劉謙之為皇子燒身之事所感動，同時又感慨自己是個刑餘之人，業障深重，因而奏請准許入山修道。劉謙之在王子燒身寺行道，並且讀誦《華嚴經》，向文殊菩薩祝禱，竟真的見到了文殊菩薩，並且出現了和上面故事相同的靈蹟──恢復了丈夫相。此外，他更進一步地悟通了《華嚴經》的經義，並且著述《華嚴論》六百卷。在《續高僧

傳》、和五臺山文殊信仰有關的《古清涼傳》，以及和《華嚴經》信仰有關的兩本書《華嚴經傳記》和《大方廣佛華嚴經感應記》，都記載了這則故事。

宦官因為篤敬事佛而得以恢復男形的故事，和其他宗教靈驗故事如瞎子復明等奇蹟，是屬於同一類型的靈蹟故事。可能由於從西元四世紀以後，有一些宦官原來就信奉佛教，加上北魏宦官位高權重，因此靈驗故事便以他們作為主角，希望藉著靈異事蹟，得到宦官對佛教更多的支持。這樣的靈驗故事果真增加了宦官虔信的程度，絕大多數北魏的宦官和唐代的宦官都篤信佛教。

宦官與佛寺

在描述北魏都城洛陽寺院的《洛陽伽藍記》這本書中，到處可以見到宦官的影子，宦官和北魏洛陽佛寺的興隆有密切的關係。北魏宦官至少在洛陽建立了六所規模宏大、雕飾精麗的佛寺；

這六所寺院裡，有五所是尼寺。為什麼宦官所建
造的多為尼寺，這可和他們沒有完整的男形有關，
使得他們傾向於建造尼寺。其中唯一的僧寺「王
典御寺」，是宦官王桃湯建造的，當時人對他建立
僧寺這個舉動，都非常讚揚：「世人稱之英雄」，
認為這是近乎「英雄」之舉。也因為如此，在宦
官所建造的寺院中，王桃湯所建的這所僧寺最為
當時人所看重。

　　由於宦官多聚財寶，北魏時人形容「宦者之
家，積金滿堂」，所以宦官建造的寺院都非常莊嚴
華麗。宦官劉騰在洛陽延年里的住宅，就佔有一
整個城坊的面積，裡面的建築陳設，比諸皇子的
王府還要豪華。至於他出資捨財建造的尼寺「長
秋寺」，寺內有三級的佛塔，塔剎上的露盤是用金
子打造的，在陽光照耀下，光彩熠熠，照亮了整
個洛陽城。中古佛寺的建築是以佛塔為主體的，
從佛塔的建造，便可顯示寺院建築的規模和工程
精細的程度。前面所提到王桃湯所建的王典御寺

的三級的佛塔，工程也極其細緻精巧。另外，擔任濟州刺史的宦官賈璨將自己的宅第捐出來，改為佛寺，為他的亡母祈求冥福，這個寺院叫作「凝圓寺」。因為宦官的宅邸一般都很講究，由宦官住宅改造的寺院建築自然就非常精美華麗，特別是凝圓寺的地理位置很好，可以俯瞰洛陽城，它的庭園裡滿布茂竹修柏，清幽無比。洛陽的王公大臣每逢休假日，常來凝圓寺庭園遊賞，並且以當時流行的五言詩體，吟詠庭園風光和遊賞的心境。宦官所建立寺院中陳設的佛像也是非常莊嚴精巧，由一群宦官共同出錢建造的昭儀尼寺裡，供奉著一佛二菩薩，它雕塑的工藝之巧，是整個洛陽所僅見的細緻絕妙。除此之外，宦官所建造的寺院特別以供養的伎樂著名。

和北魏的宦官一樣，唐代宦官也都極為崇信佛教，他們除了建造寺院之外，還建造佛像、開鑿石窟、寫經。唐玄宗朝最紅的宦官高力士 (684-762) 就在長安建造了一所「寶壽佛寺」，據《舊唐

書》的記載，高力士所積聚的財富遠超過王侯，
因此建造這所寺院時，他不惜貲本用了許多珍貴
的建材，和華麗的裝飾，「寶殿珍臺」，和以國家
的財力所建的寺院可以相比擬。又，唐代宗大曆
二年 (767)，宦官魚朝恩 (722–770) 將他個人的別
墅捐出來，建立「章敬寺」，他並且出了很多錢贊
助修建五臺山的金閣寺。唐憲宗元和四年 (809)，
宦官左神策軍護軍中尉兼左街功德使的吐突承璀
(?–820) 修建安國寺；元和十二年 (817)，在神策
軍中建立了「元和聖壽佛寺」。

由於宦官的精誠奉佛，唐德宗貞元年間，宦
官左神策軍護軍中尉焦希望甚至在軍中建造一所
精舍，並且得到皇帝頒賜「貞元達摩傳法之院」。
這個寺院裡不但供奉著觀音像，還有僧人長駐在
寺裡。

在洛陽的龍門石窟中，也有兩個宦官所建的
石窟。一個是位於奉先寺北崖壁力士像之東的小
窟，門外兩側，各有一個力士，在門的上方刻有

〈唐虢國公楊思勗造像記〉，從此記中可知：這是玄宗開元年間，宦官楊思勗 (654–740) 為其亡母追福所開鑿的石窟。在楊思勗所造石窟的東面，有一個龕窟則是內侍省諸宦官共同建造的，這個石窟門外雕有兩個力士，門上有兩個捧著香爐供養的飛天，東側有一通石碑，上刻「大唐內侍省功德之碑」。從碑文的內容，可知這是開元十八年 (730)，以高力士、楊思勗為首的內侍省宦官，共有一百零六人，為唐玄宗敬造四方無量壽佛一舖。

另外，在西安碑林中收藏的一方石碑「邠國

龍門石窟奉先寺盧舍那龕

公功德銘」,刻於唐穆宗長慶二年 (822),也是宦官建寺的碑銘。宦官左神策軍護軍中尉兼右街功德使梁守謙

「大唐內侍省功德之碑」碑額拓本

(779–827) 在興唐寺建造一所富麗輝煌的經堂,裡面有轉輪藏一所,並且刊石立碑。碑文是由同是宦官的內樞密使楊承和所撰寫的,其中對梁守謙篤敬佛教的行事,敘述得非常詳細。除此之外,梁守謙還致力於佛教的傳佈,雇人在興唐寺華嚴院為國寫經,總計五千三百二十七卷,更派遣貞實等十四位僧人西行傳教。

這些精誠事佛的宦官們,有的甚至還長齋素食,禮佛誦經。因為宦官有很多是吃素的,所以在宦官所典掌的神策軍中不僅建有精舍佛堂,也設有齋廚。肅宗朝當權的宦官李輔國 (704–762) 平日就是吃齋唸佛的。《舊唐書·李輔國傳》裡說

他不吃葷腥的食物，平常行事就像僧人一樣，連在視察公務的時候，手裡也還拿著念珠。

宦官和佛教的興廢

中唐以後，由於篤信佛教的宦官有機會掌握軍事、政治和宗教事務的實權，因此對佛教的發展有相當程度的影響。

唐代宗時代開始，在京城設置「功德使」，掌管天下僧尼的籍貫和為國修造功德的事宜；而功德使這個職位從它開始設立時，就是以典掌禁軍的宦官來擔任。可能由於宦官位高權重，中唐時來華的密教僧人和他的傳人，都努力和宦官如李元琮 (707–776)、李憲誠等人維持良好的關係；而因擔任功德使這個重要職位的宦官也都是虔誠的佛教徒，自然也盡其所能的護持佛教。第一個獲得典掌禁軍大權的宦官魚朝恩，就任命屬下牙將李元琮做第一任的「兩街功德使」，魚朝恩本人是

崇信佛教的，他平日也是極力護法護僧，因此他
所任命的李元琮也是虔誠的信士。《宋高僧傳》中
記載一則魚朝恩護教的故事：由於唐代宗傾信佛
教，而引起道教徒的不滿，大曆三年 (768) 九月二
十三日這一天，太清宮的道士史華，奏請和佛教
的高僧比賽法力；他首先在東明觀壇前架了一座
刀梯，自己登上了那座刀梯，當時佛教僧人們都
互相推託，沒有人敢接受挑戰去攀登刀梯。佛教
界面臨窘困的情況，這時候由魚朝恩所捐建的章
敬寺中有一個法名惠崇的僧人，去見魚朝恩，奏
請在章敬寺的庭院中，也豎起一座百尺高的刀梯，
惠崇光著腳丫子，輕健地上了刀梯。道士史華見
了，慚愧地退下，佛教界因此平安地渡過一項挑
戰。回過頭來說李元琮這個人，他根本就是密宗
大師不空 (705–774) 的弟子，對不空極為尊敬，不
空在遺書中說他「依吾受法三十餘年，勤勞精誠，
孝心深厚」。另外，不空形容另外一名宦官弟子李
憲誠是「護法菩薩」；唐代宗也說他「護持佛教，

精勤久著」，宦官對於中唐以後密教的發展確有相當的助力。

　　即使在唐武宗毀滅佛法時，宦官也曾經試圖去緩和滅佛的慘烈，但沒有成功。《宋高僧傳》記載一則會昌法難前夕宦官救護僧人的故事：唐武宗傾心道教，召僧人知玄 (811–883) 和道士論辯，知玄站在佛教立場的談話，大大地觸怒了武宗，在皇帝身邊的人都嚇壞了，當時宦官左護軍仇士良 (781–843)、內樞密使楊欽義兩個人，就暗示知玄趕快誦「祝堯詩」，以緩和皇帝的情緒，這才救免了皇帝對知玄的處置。到了武宗開始毀佛時，擔任左街功德使的仇士良面臨著很大的考驗，最後他選擇了辭官，而不願意執行滅佛的法令。會昌二年十月九日，武宗下令左、右街功德使條流僧尼，仇士良不願意執行皇帝的命令，但皇帝不同意，仇士良只好用緩兵之計，請求延緩一百天實施。到會昌三年 (843) 正月十七日，仇士良才上奏左街功德使所管轄的部分還俗僧尼有一千二百

三十二人，這和右街功德使核定還俗的僧尼有二
千二百多人相比，可知仇士良在執行命令上有某
種程度的寬和。他還特別召見包括來華的日本僧
人圓仁在內、住在左街寺院外國僧人二十一人，
對他們安慰有加。其後，武宗毀佛的意圖日益強
烈，仇士良在不願意執行毀佛法令的情況下，只
好選擇辭官回家。六月三日，他終於得到允許致
仕回家，二十天後，他便去世了，終於沒有讓他
親眼見到歷史上最徹底的滅佛事件。

　　會昌五年 (845) 五月，武宗頒布了更嚴厲的
廢佛令：只准長安左、右街各留二所寺院，每寺
僅留三十名僧人；各郡僅留一所寺院，其餘寺院
限期拆毀。在這波滅佛的行動中，總共毀去四千
六百多所寺院，蘭若四萬所，有二十六萬五百名
僧尼被迫還俗。會昌毀佛是佛教史上最大的「法
難」，寺院佛像受到徹底的破壞，僧尼也受到空前
的迫害。幸好，雷厲風行的會昌毀佛時間很短，
會昌六年 (846) 三月一日，武宗駕崩，第二天，宣

宗即皇位。這一年五月中，宣宗便下令恢復佛教。當時，奏請恢復佛教的不是別人，正是和仇士良一起拯救過僧人知玄的宦官內樞密使楊欽義，後來他因典掌左禁軍，擁立宣宗即位。《宋高僧傳》說他利用擁戴宣宗的功勞，奏請恢復佛教，並且訪查僧人知玄。宣宗以他藩邸舊居建造「法乾寺」，請知玄住在這個寺院裡的玉虛亭。

淨土佛國的想望

　　佛教也對中國的死亡信仰有相當大的影響。由於佛教有三世因果業報、六道輪迴的說法，透過佛教經典和僧人以不同的方式宣揚，包括：遊化各地的僧人、各個佛教信仰組織裡的「邑師」、和唐代以後俗講的僧人，或者透過寺院裡的地獄變相圖、淨土變相等圖像，使這些觀念深植在中古各個不同階層人們的腦海裡。人們過去的善因或惡果的業因，決定了現在或未來的果報，死亡也是業報運作的一部分，人們走完一生的歷程後，要面臨的是依業報而來的佛國淨土，或者再入六道：天、人、阿修羅、惡鬼、畜牲和地獄中輪迴。簡單地說，就是「行惡則有地獄長苦，修善則有天宮永樂」。即使再託生為人，也依其業報不同，

有貴為王侯卿相，有賤為奴婢僕隸；同樣是人，面貌美醜也是前生的業報決定的。因此，如何消除以前的業障，努力行善修福，便成為中古佛教徒有生之年的志業。他們都企盼死後能夠到佛的清淨國土；但如果是業障尚未消盡，不能在此生結束之後直奔淨土，但是至少希望轉生人間善道，等待未來佛彌勒的來臨——龍華三會。但是，對於業障深重的人來說，最可怕的懲罰是墮入惡道或者地獄，這就成為當時人們的最深切的關懷。

地獄的救贖

　　為了拯救人們免於因業障而淪入惡道或地獄，《盂蘭盆經》提供地獄的救贖。從南北朝時代開始，民間就已經實行佛教的僧俗信徒在七月十五日這一天，以盂蘭盆供佛；《顏氏家訓》的作者顏之推 (531–591) 在〈終制篇〉中，吩咐他的兒子們若有心報答養育之恩，則在特定的日子裡以素

齋祭拜,並且要在七月十五日供養盂蘭盆。由於顏之推是一位虔誠的佛教徒,他也特別叮囑子女千萬不要遵守儒家用牲牢祭祀,因為根據佛教的經典殺生會獲惡報,而且會禍延子孫。顏之推的父祖輩都擅長《周官》、《左氏》之學,他承襲家業,可以說是一個受儒家薰習很深的士大夫,但是當他面對人生最終歸宿宗教上的問題時,他選擇了佛教的方式。

在南北朝末期,還出現一種和喪葬有關的地獄救贖的方式,就是七七齋。這是在人死後,由其親人為亡者做七七齋,為死者追福。在史書中就有一些王公貴人去世時,親人部屬為他們做七的記載:北魏胡太后的父親胡珍國去世的時候,太后下詔從去世之日到七七,每七都設供養一千名僧人的齋會,度七人出家;百日則設一萬名僧人的齋會,度十四人出家。北齊後主時,南陽王高綽 (556–574) 去世,每七日至百日終,孫靈暉都舉辦齋會,延請僧人為他轉經行道。唐代以後,

七七齋逐漸變成普及於上層和民間社會的喪葬習
俗，唐初的詩人王梵志在他的詩中，也吟詠了這
個習俗：

> 吾家多有田，不善廣平王。
>
> 有錢惜不用，身死留何益？
>
> 承聞七七齋，暫施鬼來喫。
>
> 永別生時盤，酒食無蹤跡。
>
> 配罪別受苦，隔命絕相見。

這首詩的後半段說的就是生者為亡人追福的七七
齋，至於前半段所說的是「逆修十王齋」，也就是
生前為自己祈求冥福的齋會。詩裡說我在世時家
有很多田產，可是不知道善待廣平王——就是地
獄十王之一，有錢卻吝惜不拿來為自己做逆修齋。

根據《佛說閻羅王授記逆修生七齋功德經》
的說法：人死了以後，要等待子女親屬為死者追
福拯救。死者要經過十王，所以要做十王齋，第

一七齋秦廣王下，第二七齋宋帝王下，第三七齋初江王下，第四七齋五官王下，第五七齋閻羅王下，第六七齋卞成王下，第七七齋太山王下。百日齋平等王下，一年齋都市王下，三年齋五道轉輪聖王下。如果缺了一齋，就會延緩一劫，在那裡留連受苦，不得轉世出生。另外，《隨願往生經》裡，還說逆修七七齋（又叫作「預修齋」）的功用很大，因為生者為亡者修福，死者只能得到七分之一，若以死者的財產屋宅園林供施三寶，才可救拔死者的地獄之苦。然而，如果善男信女生前逆修生七齋，燃燈懸幡，請僧轉經，所得的福德無量，都是自己的。就是因為不修齋會有嚴重的後果，同時在生前做逆修齋的功用，也比死後親屬所做的七七齋來得大。因此，從唐代初年就流行人們在有生之年為自己做逆修七七齋。王梵志在另一首題為〈家口總死盡〉的詩裡，描述當時人重視的「生七齋」：

家口總死盡，吾死無親表。

急首賣資產，與設逆修齋。

託生得好處，身死雇人埋。

錢遣鄰保出，任你自相差。

　　一個親人都死盡的人擔心自己去世後，沒有
人會為他做七七齋，於是變賣所有家產，設逆修
七七齋，以保證自己能夠託生善處。至於他個人
死後的臭皮囊，也就顧不得了，讓鄰保去出錢雇
人埋葬吧！王梵志的詩是描寫當時的風俗，實際
上在唐人的墓誌銘裡，也確實有人如此做。如〈南
陽葉公墓誌銘〉中，就說今日浙江上虞縣有一名
處士，名字叫作葉再榮，他生前就先造好自己和
妻子的墳塋，並且逆修齋七。他在唐文宗開成四
年 (839) 七月二十四日去世。

　　唐代出現另外一種有關地獄救贖的物件，是
前文曾經提到的佛頂尊勝陀羅尼經幢，由於它可
以救拔地獄之苦，所以從唐玄宗時代以後，有人

開始在死者的墳墓旁邊樹立尊勝經幢，稱之為「墓幢」。墓幢有時候也直接放在墓道中，或者墳墓裡。1954 年在陝西省西安東郊高樓村發掘宦官高力士姪兒高克從墓，在墓道中發現了一所墓幢。樹立墓幢的目的是為了要消除死者的罪業，免除地獄之苦，並且冀望其得生善處，甚至可以至天界，乃至於速證菩提。不過，一方面由於石經幢的製作成本太高，另一方面它畢竟不能貼身保護亡者；因此大約從唐代後期，開始出現以另外一種方式將「陀羅尼」的好處，以更直接和更經濟的方法傳達給死者，就是以抄寫或印有陀羅尼咒文的絹布、紙張，放在死者身旁，隨身護祐亡者英靈。到現在為止，考古學者從唐、五代的墓葬中，發現了好幾個這種墓葬裡的紙本或絹本的陀羅尼。如 1983 年在陝西西安西郊灃鎬路自來水廠古墓中，出土了一鎏金銅臂釧，寬一公分，直徑七‧九公分，右側鉚接一長方形銅盒，內裝有摺疊的手寫經咒絹畫。展開以後是二六‧五平方公分的

畫面，中央繪一三眼八臂的菩薩，手各執不同的法器，四周墨書古梵文經咒十三行。

這種放在死者身邊的陀羅尼有什麼功用呢？我們可以 1991 年在內蒙古一座遼代墓葬中的文字來說明，這個墓葬在墓室的北壁、西北、東北和東西兩壁至棺床檐，都有墨書的梵文陀羅尼（又稱為「真言」），而在北側的穹窿頂寫著四行字，說明了這些梵書真言的作用：

真言梵字觸屍骨
亡者即生淨土中
見佛聞法親授記
速證無上大菩提

這種以陀羅尼放在身旁護祐死者的作法，一直流傳到今日，臺灣的佛教徒去世時，會在遺體上覆蓋一方印有〈往生咒〉的黃色絹被。

墓葬出土的雕版經咒，五代

淨土佛國

　　當人們致力於地獄的救贖時，同時心中有更
殷切的盼望，希望死後能夠到淨土佛國。大乘佛
教主張有無量諸佛，諸佛在其清淨莊嚴的國土教
化眾生，因此有無數的淨土，如阿閦佛的妙喜淨
土、藥師佛的琉璃光淨土等。在諸佛的淨土中，
以阿彌陀佛的極樂淨土，後來成為淨土思想的中

心；不過，在中古時期——特別是南北朝時代，由於彌勒信仰的普遍流行，上升彌勒佛的兜率淨土是當時人們最大的願望。又，根據《彌勒下生經》的記載，彌勒菩薩在未來世將下生閻浮提世界，並且在龍華樹下成道，然後在三次大會上講說佛法，這就是所謂的「龍華三會」。第一次大會（初會）時，將渡化曾經受釋迦牟尼佛五戒的人，共九十六億人；二會說法將渡脫受持三皈依的人，共九十四億人；三會將渡化曾經一次稱過「南無佛」名號的人，共九十四億人。中古的佛教徒因為慨嘆自己生不逢時，沒能夠趕得上釋迦牟尼佛在世時聽聞佛法，因此發願希望能夠在未來世彌勒降生時，再生為人，以便能夠在三會中親聞彌勒說法，這也就是中古時期佛教造像碑上信徒發願所說「值佛聞法」的典故。北魏孝武帝太昌元年 (532)，山西一位都督樊奴子傾竭家產，建造一尊佛像，上面題刻的造像記就把這種觀念，描繪得很具體：

又願奴子父母七世，師徒歷劫，兄姪妻息，
六親中表，學安行吉，神和調暢，管合清
美，萬善慶集，吉祥感應，福茲來生。七
世先亡，上生兜率而奉慈尊，餐聽大乘，
悟無生忍；及三界眾生，三會初興，願登
先聞，果報成佛。

另外，由於下生人間因業力不等，也有富貴
貧賤的差別，或在未來世為趕上彌勒的龍華初會，
再生為人，也希望生為尊貴的侯王長者。東魏孝
靜帝天平三年 (536)，在河南偃師有王法略等人所
組成的義邑成員共同建造一座須彌塔，上面的題
記就說：

仰為皇帝陛下，師僧父母，所生父母，因
緣眷屬，復為邊地眾生，常與善居。彌勒
三會，唱在初首，下生人間，侯王長者。
合邑諸人，所願如是。

　　到了唐代以後，發願往生阿彌陀佛淨土的人
漸漸增多。1974 年在洛陽徐村北出土的一個高一
百一十四公分石碑像，這是唐高宗永徽六年 (655)
三月時當地人王普賢為亡父所造的佛像碑，上面
的題記就說願亡父往生阿彌陀佛淨土：

> 唯願亡考，法界群生，神生淨土，面奉彌
> 陀，寧願解脫三途八難，俱登正覺。

　　由於中國所接受的是大乘佛教，不惟自度，
還要度脫他人。在中古佛教徒數以千計的造像記
中，常說「一切有靈含識，等同斯福」，願意把自
己造像的功德與眾生分享，這種悲憫的情懷正是
佛教以「清淨為基，慈悲為主」精神，最具體的
實踐。即使在千載之後，披讀這些造像記，都可
以使人逐漸消弭因為私心或細故而引起的瞋怒怨
懟，自創心靈上的妙樂淨土。

參 考 書 目

山崎宏，《支那中世佛教の展開》（東京，清水書店，
　　1947 年再版）。

小笠原宣秀，〈中國中世における佛教生活〉，《印度
　　學佛教學研究》，第二卷第一號。

道端良秀，《唐代佛教史研究》（京都，法藏館，1981
　　年三刷）。

道端良秀，《中國佛教思想史の研究》（京都，平樂寺
　　書店，1983 年二刷）。

那波利貞，〈唐律に見たる斷屠月就いて〉，《支那
　　學》。

藤田琢司，〈古代における六齋日の殺生禁斷につい
　　て〉，《鷹陵史學》第二十三號。

周紹良，《敦煌文學芻議及其他》（臺北，新文豐出版

社，1992年）

史葦湘，〈敦煌莫高窟中的「福田經變」壁畫〉，《文物》1980年第九期。

全漢昇，〈中古佛教寺院的慈善事業〉，《食貨半月刊》第1卷第4期。

杜正乾，〈唐病坊表徵〉，《敦煌研究》2001年第一期。

姜伯勤，〈敦煌音聲人略論〉，《敦煌研究》1988年第四期。

曹仕邦，〈中國僧史上的沙門社會活動資料〉，《大陸雜誌》第六十七卷第二期。

曹仕邦，〈兩晉南北朝時期沙門的醫藥知識〉，《食貨月刊》新五卷八期。

劉淑芬，〈五至六世紀華北鄉村的佛教信仰〉，《中央研究院歷史語言研究所集刊》第63本第3分。

劉淑芬，〈慈悲喜捨——中古時期佛教徒的社會福利事業〉，《北縣文化》，第40期。

劉淑芬，〈北齊標異鄉義慈惠石柱——中古佛教社會救濟的個案研究〉，《新史學》第5卷第4期。

劉淑芬，〈佛頂尊勝陀羅尼經和唐代尊勝經幢的建立——經幢研究之一〉，《中央研究院歷史語言研究所集刊》第 67 本第 1 分。

劉淑芬，〈經幢的形制、性質和來源——經幢研究之二〉，《中央研究院歷史語言研究所集刊》第 68 本第 3 分。

劉淑芬，〈林葬——中古佛教露屍葬研究之一㈠、㈡、㈢〉，《大陸雜誌》第 96 卷第 1、2、3 期。

劉淑芬，〈石室瘞窟——中古佛教露屍葬研究之一㈠、㈡、㈢〉，《大陸雜誌》第 98 卷第 2、3、4 期。

劉淑芬，〈中古的宦官與佛教〉，《鄭欽仁教授榮退紀念論文集》（臺北，稻香出版社，1999 年）。

劉淑芬，〈「年三月十」——中古後期的斷屠與齋戒〉，《大陸雜誌》第 104 卷第 1、2 期。

文明叢書——

把歷史還給大眾，讓大眾進入文明！

文明叢書11

奢侈的女人——明清時期江南婦女的消費文化

巫仁恕／著

「女人的錢最好賺。」這句話雖然有貶損的意味，但也代表女人消費能力之強。明清時期的江南婦女，經濟能力大為提升，生活不再只是柴米油鹽，開始追求起時尚品味。要穿最流行華麗的服裝，要吃最精緻可口的美食，要遊山玩水。本書帶您瞧瞧她們究竟過著怎樣的生活？

文明叢書 12

文明世界的魔法師——宋代的巫覡與巫術

王章偉／著

《哈利波特》、《魔戒》熱潮席捲全球，充滿奇幻色彩的巫術，打破過去對女巫黑袍掃帚、勾鼻老太婆的陰森印象。在宋代，中國也有一群從事巫術的男覡女巫，他們是什麼人？他們做什麼？「消災解厄」還是「殺人祭鬼」？他們是文明世界的魔法師！

文明叢書 13

解構鄭成功——英雄、神話與形象的歷史

江仁傑／著

海盜頭子、民族英雄、孤臣孽子、還是一方之霸？鄭成功到底是誰？鄭成功是民族英雄、地方梟雄、還是不得志的人臣？同一個人物卻因為解讀者（政府）的需要，而有不同的歷史定位。且看清、日本、臺灣、中共如何「消費」鄭成功！

文明叢書14

染血的山谷——日治時期的噍吧哖事件

康 豹／著

噍吧哖事件，是日治初期轟動一時的宗教反抗，震驚海內外。信徒憑著赤身肉體和落後的武器，與日本的長槍巨砲硬拼，宛如「雞蛋碰石頭」。金剛不壞之身頂得住機關槍和大砲嗎？臺灣的白蓮教——噍吧哖事件。

文明叢書15

華盛頓在中國——製作「國父」

潘光哲／著

「國父」是怎麼來的？是選舉、眾望所歸，還是後人封的？是誰決定讓何人可以登上「國父」之位？美國國父華盛頓的故事，在中國流傳，被譽為「異國堯舜」，因此中國也創造了一位「國父」—— 孫中山，「中國華盛頓」。

文明叢書 16

生津解渴——中國茶葉的全球化

陳慈玉／著

大家知道嗎？原來喝茶習慣是源於中國的，待茶葉行銷全球後，各地逐漸衍生出各式各樣的飲茶文化，尤其以英國的紅茶文化為代表，使得喝茶成為了一種生活風尚，飄溢著布爾喬亞氣息，並伴隨茶葉貿易的發展，整個世界局勢為之牽動。「茶」與人民生活型態、世界歷史的發展如此相互牽連，讓我們品茗好茶的同時，也一同進入這「茶」的歷史吧！